让美成为习惯

敦煌日课

（第1册）

万物有灵

敦煌画院　编著

中信出版集团｜北京

图书在版编目（CIP）数据

敦煌日课：让美成为习惯：全3册/敦煌画院编著.
北京：中信出版社，2025.4. -- ISBN 978-7-5217
-7361-3

Ⅰ.K870.6

中国国家版本馆CIP数据核字第2025NG8499号

图书策划：中信出版·24小时工作室
特约策划：北京小天下
总 策 划：曹萌瑶
策划编辑：蒲晓天
责任编辑：姜雪梅　谭惠芳　王玲
内容策划：李硕　王津
内容编辑：杨雪枫
图片编辑：赫森　张楷
营销编辑：生活美学营销组
书籍设计：王贵兰
书　　法：李响
统　　筹：宋琳

敦煌日课：让美成为习惯（全3册）
　　　　——万物有灵
编 著 者：敦煌画院
出版发行：中信出版集团股份有限公司
　　　　（北京市朝阳区东三环北路27号嘉铭中心　邮编100020）
承 印 者：北京雅昌艺术印刷有限公司

开　　本：720mm×970mm　1/16　印　张：53.25　字　数：819千字
版　　次：2025年4月第1版　　　印　次：2025年4月第1次印刷
书　　号：ISBN 978-7-5217-7361-3
定　　价：329.00元

版权所有·侵权必究
如有印刷、装订问题，本公司负责调换。
服务热线：400-600-8099
投稿邮箱：author@citicpub.com

总序

美的力量安静无声，却能跨越时空

  我们正处于审美大爆发的时代，中国人已经不再满足于拾西方文明的牙慧，于是在互联网上"永远相信老祖宗的审美"这句箴言广为流传。敦煌艺术，作为重要的中华文化艺术宝库，不仅为诸多艺术家提供着源源不断的灵感，也逐步迎来了被大众了解和认知的时代。

  为此，每年有超过 100 万游客从全国乃至全球各地来到敦煌这个小城，开启心中的朝圣之旅。第一次来到敦煌的人们，最热切期盼的自然是亲身探访神秘的莫高窟。众人的热情造成旺季时莫高窟"一票难求"。然而当很多人带着热切和期盼拜访莫高窟之后，却往往带着更多谜团和疑惑离开。

  这里，就是我的衷心建议："莫要贸然来敦煌。"

  第一个原因："走马观花式的旅行，往往会让你和真正的敦煌擦肩而过。"

  1998 年，我第一次造访敦煌莫高窟。曾经的我，只是把敦煌莫高窟当成了一个走马观花、到此一游的景区。在我当时的印象中，敦煌就是戈壁荒漠和一些光秃秃的洞窟的组合。相比之下，鸣沙山下永远不会被沙漠淹没的月牙泉，比那些看来没什么大不了的洞窟更有趣。

  十多年后，我才意识到，敦煌是一个值得朝圣和一去再去的地方。年轻

I

时候的自以为是，让我错失了敦煌最有意义的部分：敦煌艺术的精要，不仅是绘画技巧的娴熟，更是古人对千年精神世界的描绘；敦煌文化的可贵，不仅是那些拥有着精美壁画和彩塑的洞窟，它还保留着东西方伟大文明在此融合的实证；每个洞窟是一道道通向古代的门，也可以是一扇扇通向今人内心的窗（参考阅读：《文明赓续》第 107 页）。

如敦煌，千里迢迢来访，却又在人生旅程中错过，岂不可惜？

第二个原因："冒失造访，可能对已经很脆弱的敦煌壁画带来伤害。"

在熙熙攘攘的人流中，人们很难意识到自己拜访的莫高窟并非 5A 级景区。虽然研究院做了大量的模拟窟、数字窟和影片来引导人们体验，但是自认为旅游经验丰富的我们往往不屑一顾，更喜欢"亲身"前往那些真实的遗址。即使面对看不太懂的壁画，我们也试图通过在原洞窟里多待一会儿来加深自己的理解。

而你不知道的是，这些壁画有多么脆弱。被绘制在泥本基质上的古老壁画，经历久远时光，早已经斑驳磨灭。今天，当十几个人涌入狭小洞窟的时候，人们的每一次呼吸都会带来洞窟小环境的湿度变化。湿度的骤然变化，就会造成壁画载体泥层中的可溶性盐分溶解和晶体析出，从而带来壁画的"酥碱"，诸如此类的伤害还包括龟裂、起甲、颜料层霉变和空鼓等（参考阅读：《文明赓续》第 155 页）。

除了参观普通洞窟，人们往往会纠结于额外付费的"特窟"，希望进入"永久不开放洞窟"，甚至还会诟病研究院对这些洞窟的严格管理，却不知道管理者在开放和保护之间的纠结。要知道，每一次开放洞窟，参观者每一次和壁画的"亲密接触"，客观上对壁画都是一次伤害。看似细小的影响，却因为慕名者接踵而至，不断得到指数级的放大。

第三个原因："延迟满足，反而能带来更大收获。"

比起前两个理由，这个理由似乎更加主观。

当你计划去一个目的地的时候，为之所做的种种功课——对目的地的了解、对路线的规划、与旅伴的讨论，包括路途中的点点滴滴，几乎都是这段旅程中不可或缺的部分。相较于买门票进入景区的即刻体验，前面的准备同样具有意义，敦煌就是这么一个地方。

正如前面所述，前往敦煌不应是一次说走就走的旅行。如果产生了前去敦煌的念头，请耐下心来，用稍长一点的时间储备相关的知识，用心来规划这次"朝圣之旅"。

你可以每周看一本关于敦煌的书（这方面的佳作可谓数不胜数），和家人一起看关于敦煌的纪录片，也可以通过网站"数字敦煌"来观看自己计划拜访或没有机缘进入的洞窟（参考阅读：《文明赓续》第174页）。

当储备了足够的知识再出发的时候，你就会惊喜地发现：实地看见那些熟悉而斑驳的壁画，那些模糊生僻的榜题，你将和身边的游客不一样，不只是新奇或漠然，而是会心一笑。对你而言，这不是猎奇，而是"重逢"。

请相信，前往敦煌的旅程，不仅在于让眼界得以拓展，更在于使内心丰饶。

所以，用"珍视"的态度来面对这一段旅程。

你方会不虚此行。

敦煌艺术，对今天的我们有何用？

或许你还有这样的疑惑：我不是美术工作者，也没有去敦煌的计划，有必要深入了解敦煌吗？

关于这个问题的回答，我引用敦煌研究院前任院长赵声良先生在一次讲座中的表述，"读懂了敦煌，就读懂了中华传统文化的一半"。

敦煌，就是这么一个点。从地图上来看，这个点虽然很小，却蕴含着错综复杂的时空线索。你会惊喜地发现，敦煌就是重新了解中国历史和文化的一把宝贵钥匙。当你用这把钥匙打开时间密室，你会发现在我们熟悉的宏观叙事之外有一个密密麻麻的平行宇宙，比如唐末那段鲜为人知的历史——归义军，比如那些普普通通的小人物——供养人和画师。正是在这一次次细小的探究和历史回响中，你会渐渐更新一些认知：敦煌不只是中国的，更是世界的；敦煌不只有艺术和文化，更是文明的产物。

其中，最让我感动的是敦煌画师的境遇（参考阅读：《众神召唤》第203页）。

敦煌，地处西北边关，历史上曾长期处于吐蕃、西夏和汉唐的争斗之中（史书中记载，"屠城"现象时有发生）。正是在这样艰难的条件下，伟大的敦煌艺术被创造出来。兵荒马乱的日子里，有那么一小批人身在黑暗的石窟中专心作画。这种状态足足保持了一千多年，即使在安史之乱后敦煌被吐蕃占领的动荡岁月中，为整个社会提供精神力量的艺术创作也没有中断。今天的我们，已经很难想象"什么事情能做一千年"。

究竟是什么样的力量在支撑着他们？是因为他们有足够虔诚的宗教信仰吗？参与者中，除了少数僧人，供养人和画师不全是虔诚的信徒；部分供养人只是为了表达自己的愿望或者纪念家族的功德；对于画师而言，绘制壁画更像是一份工作。是工作待遇足够丰厚吗？史书中记载，主家给予画师的酬劳甚至不过一天两个胡饼，可谓"最低工资"了。是为了名垂青史吗？按规矩，画师不能在壁画上留名，千年来偷偷留下名字的仅有十余人。

是什么支撑着他们完成了这项伟大的艺术工程呢？我想，一个重要原因是："敦煌石窟艺术，是为了安抚人们的内心而存在。"最早的敦煌石窟空间狭小，是僧人用于禅修的场所，并没有彩塑和壁画。后来因为其承载着越来越多人的期盼，才陆续出现了供养人、泥匠、画匠和塑匠这样的角色。这些出身卑微的普通工匠相信，他们的作品可以帮助身边的人从现实中的苦难中解脱出来。因此，对于古代画师而言，外界的困境和自己的人生苦难就变得不那么重要，最重要的事情是找到敦煌本地的矿石或者来自丝绸之路上的宝石（参考阅读：《众神召唤》第 216 页），挑出其中最为绚烂的色彩，把心目中的美好和对未来的想象，一笔一画绘制在洞窟的泥巴墙壁上。

正是笃定信仰和精进艺术的相互促进，他们才为后人留下了如此灿烂的敦煌艺术。敦煌艺术看似古老遥远，对于今天的我们却有着美妙的用处。

一、敦煌之艺，可以抚慰"焦虑的内心"

回望过去数十年，中国由弱转强，成为世界第二大经济体。过快的发展也给每个个体的心理留下了烙印：我们太痴迷于经济的发展，太着急于去做一件又一件事情；忙碌的我们总是习惯用各种事情来填补自己的空闲时间，一旦停下来往往就无所适从，甚至陷入焦虑。

那么让我们把视线从自己和身边移开，投向 1600 年前的敦煌，你会豁然开朗——我们和古人在不同的时间里共享着同一个世界，答案指向了同一个方向："向外追寻所谓真理，不如向内寻找宁静。"

让"内心宁静"成为自己可控的旋律。这一点，不仅可以向那些禅修的僧人学习，也可以向历史上的画师借鉴。就算不相信神佛的保佑，也完全可以相信心流的力量。正是因为敦煌的内容足够丰富，题材足够神圣，千年来敦煌画匠笔下所汇聚的磅礴心流，只取一瓢饮就足以抚慰你我不安的内心。让我们从古人那里借用一分精神原力，让心绪沉静，学会看见星空、嗅见花香，学会让自己的内心沉浸于艺术之中。

从古至今，许多人由此养成了"终身摹绘敦煌壁画"的爱好。这种看似简单的方式，不仅可以用于日常解压，更是修炼心性的利器。

二、敦煌之识，可以弥补"认知的裂痕"

敦煌不仅属于中国，也是与世界文明交融的杰作。古代壁画，不仅与今天的我们中间隔着斑驳的画面、漫漶的时间，还关乎着不同文明的知识和文化流变。

这时候的我们，更像行走在敦煌历史地图上的旅人，需要沿着一条条草蛇灰线，打开一个又一个知识盲盒。了解得越多，我们就越会发现有这么一个陌生而熟悉的世界，正悄然隐藏在那无穷无尽的灰暗墙壁上。

不同于我们熟悉的"重大历史"的宏观文字叙事，敦煌往往以"画"的记载方式，最为直观地呈现历史的种种细节。这些记录，往往展现着特定人物的微观视角——有国王、节度使（家眷）、使节、客商、士兵、画师、塑匠、书法家等的真切表达。比如敦煌经典壁画《观无量寿经变》中，画师们用一个小小的身影向我们揭示了一位国王夫人的巨大烦恼（参考阅读：《众神召唤》第105页）；比如名垂青史的《将进酒》，在敦煌遗书中书法家所誊写的版本为《惜樽空》，字句的变化更加体现了李白的狂放不羁（参考阅读：《文明赓续》第119页）。

正是通过一个接一个新知识点的解锁，我们的常识不断丰富着，让我们从原本固化的知识结构中跳脱出来，看到一个不一样的中国，明白我们是谁，从哪里来，以及未来要去哪里。

三、敦煌之美，是"伴随一生的最好礼物"

美，作为人的最终追求而存在。作为中国人，我们大可不必眼热欧洲文艺复兴的绝妙和日本的"侘寂"美学。以敦煌背后的大唐盛世为样本，我们完全可以探索出中华美的本质。

你也不必因没有接受过系统的美术或专业教育而却步，因为相较于生僻难懂的汉简与甲骨文等文字历史，对敦煌多以"看图说话"的方式来了解。观赏千年前的古人描绘，不仅是一次美妙的艺术沉浸体验，也是一次对历史与文化的融合理解，这会是一个将知识和艺术融合吸收的愉悦过程。在这里，敦煌既是一门美术课，也是一门历史课、一门音乐课、一门舞蹈课、一门语文课、一门地理课，甚至一门建筑课。

敦煌学博大精深，卷帙浩繁。《敦煌日课》旨在将敦煌艺术的深邃内涵"简译"为大众易懂的篇章，对中华历法之美、敦煌艺术之美和传统文化之美进行系统编排与融合。若能协助大众循序渐进，以"滴灌"的方式将"敦煌之美"融入个人乃至家庭日常美学修养中，那便是莫大的福祉。

★关于延展阅读：敦煌知识体系中会有大量相互关联的知识点，因此我们为感兴趣的读者准备了延展阅读部分，在若干篇目的末尾，读者会看到与之相关的其他知识点及页码（为了方便检索，我们用①②③分别对应三个分册《万物有灵》、《众神召唤》和《文明赓续》，若知识点在同一册中则不再另行标注分册的序号）。

解锁敦煌的方式：别太快，慢慢来

平时看书，我们往往喜欢一口气读完（一放下几乎忘记大半）。说实话，这种方式不太适用于敦煌知识的学习：敦煌跨越不同朝代、不同古代文明，覆盖诸多艺术和文化，实在是很难一口气学完。

我们究竟应该如何认识敦煌呢？在众多有关敦煌的书籍中，《空间的敦煌》给了我启发：巫鸿老师建议我们参观莫高窟的时候按照"由远及近"的次序来了解。

那么从"认知敦煌"的角度来看，我们也可以反其道而行之，用"由近及远"的方式来理解敦煌。

第一层：万物有灵

让我们从壁画中的一个个形象开始，了解"敦煌壁画中到底画了些什么"。敦煌世界中，除了我们熟悉的九色鹿，还遍布它的动物、神兽朋友们的足迹，诸如黄羊、青鸟、翼马、共命鸟、白象、野猪等；"天龙八部"不再仅仅是金庸先生笔下的武侠小说，更是敦煌壁画中众多的护法神将。他们中既有我们熟悉的四大天王，也有来自古印度的陌生面孔；飞天除了经典的唐代造型，还有着不同历史时期的样貌……

正是这一个个独特的元素，构成了敦煌艺术的基本形象单元。在你的面前，敦煌的谜团将一个一个被打开。更重要的是，了解这些"点"，可以帮助我们顺利进入下一个阶段。

第二层：众神召唤

"敦煌壁画中讲了哪些故事？敦煌艺术又是如何被创造出来的？"

人人都喜欢故事，而敦煌故事的主人公除了那位来自遥远古印度的乔达摩·悉达多（及他的前世），还有着无数真实存在过的历史人物——他们或是帝王将相，或是商人、节度使的家眷，或是再普通不过的画师、泥匠。

带着"为什么要创作敦煌壁画"这个疑问来读故事的时候，你会发现故事背后的故事。尽管朝代更替、时代变迁，人心需要的安慰世代不变，人们对幸福的期盼也世代不变。或许，人心的期盼，才是敦煌艺术的真正美妙之处吧。

第三层：文明赓续

让我们站在更宏观的尺度上，试着把敦煌浓缩成一个点来理解敦煌文化背后的时空。"如果敦煌是个点，那么这个点是许多条线的交汇。"这些线不仅连接着空间上的东方和西方，也连接着时间上的过去和未来。

站在空间的视角，来看待古代东西方文明的交流，你会发现，敦煌凝聚着丝绸之路的精神；站在时间的视角，来探讨敦煌艺术的传承和发展，你会发现，敦煌的魅力不只属于古代，也属于今天和未来。

由此，这样一个认知的次序呼之欲出——"由点到面、由画到人、由里到外、由局部到整体"，从微观上的壁画形象解读到深入了解壁画背后的故事再到丝路文脉这一宏大场景的逐步展开。

为了让大家慢慢来读这本书，我们还特别选择了以"中国古代纪年"为纲的日课形式来编排，同步了解古人将"三月"称为"桃月"的诗意，了解古人对二十四节气、七十二物候的精细观察。

这是首部"中国纪年体"敦煌艺术百科全书。不同于我们熟悉的日历，在对知识进行了系统编排之外，每一篇日课内容更从国人的阅读心理和视角出发，以通俗易懂的语言、活泼可爱的手绘图画，以及真实清晰的壁画临摹，展现一个蔚为壮观的敦煌大美世界。

无论是"艺术特性大爆发"黄金期的青少年，还是渴求敦煌文化滋养的成年人，都可以自此伊始——让美成为习惯。

友情提示

敦煌，不是高高在上的殿堂，也不是遥不可及的远方。

对于敦煌这样宏大的历史艺术题材，我们完全可以把它当成一间庞大的密室，进入其中做一番解读。以"读一读、看一看、想一想"的方式，进行碎片化的学习。

这里没有标准答案。

敦煌学博大精深，涉及各类门科，许多专家穷尽一生不过解开一二。对于文明的融合和历史的隔阂所产生的谜团和误读，往往连学术界也充满了争论。

这里没有标准答案，重要的是对问题的探寻过程。或许正是因为没有所谓的标准答案，每次对敦煌的探索才显得那么有趣和充满意义。

一千个人就有一千个敦煌。

人人心中都有一个敦煌。敦煌既是物理世界的残留，也是精神世界的延续。每一个人所理解的敦煌自然都不一样。放下对真假对错的执念，找到你和敦煌最放松的相处方式。

要理解敦煌，只要始终保持"热诚"就很好。

敦煌学问深如大海，这三册书其实就如一洼浅浅的池塘。在略感疲惫的时候，花上一刻钟的时间，慢慢让自己的心松弛在敦煌的知识和艺术中。顺带着提升一下美学修养，岂不美哉？

《万物有灵》序言

敦煌壁画，大千世界

当我们第一次接触敦煌壁画的时候，繁复的壁画内容往往让人不知如何着眼，所以有必要对壁画进行系统的视觉拆解。一幅完整的敦煌壁画，往往是多个内容和元素聚合的结果。当我们了解了足够多的个体，自然也就会慢慢了解整个神奇世界的全貌。

面对敦煌这样的鸿篇巨制，我们需要时刻提醒自己：既要把它放在一个宏观的历史时期来考量，又要从微观的作品层面出发，了解壁画和彩塑的种种细节。只有宏观和微观相结合，才能真正发掘敦煌艺术的魅力。正如一片叶子无法代替森林，却可以从它的身上看见树的品类，感受到森林的气息，面对一幅敦煌壁画，也是如此。在庞杂的敦煌艺术中，首先要感受画面的整体效果，再去细细品味具体的某个形象或故事，可能就会有"一花一世界，一叶一菩提"的体会吧。

敦煌的气息远比技法更重要。作为中国壁画艺术的精髓，我们不仅可以从一幅画的角度来欣赏，还应该把它放在整个洞窟开凿的时代和环境中去想象，从而感受它的气息。在斑驳的画面中探索古代画师精心绘制的种种形象，会别有一番乐趣。

在这个分册里，我们会了解以下知识点。

· 神兽动物：除了大名鼎鼎的九色鹿，还有许多生灵生活在壁画世界中。

· 飞天乐舞：不仅能看到熟悉的飞天在各个历史时期的不同模样，而且能了解古代的乐舞文化。

· 神将护法：发现金庸笔下天龙八部众的庐山真面目。

· 城楼建筑：由于今天大部分的唐代木结构建筑已经消失，我们只能通过壁画看到当年唐代建筑的原貌。

· 法器宝物：佛和菩萨们所使用的道具器物，往往象征性和实用性兼备。

· 花草树木：在敦煌壁画这个魔幻世界中，既有现实中的植物，也有来自远方的圣树。

敦煌画师们是如何创造出这么多艺术元素的呢？

受制于题材、时空、作画条件和供养人的需要，敦煌画师们是"戴着镣铐跳舞"。这种客观条件的制约和主观上想自由绘画的矛盾，恰恰构成了敦煌壁画不断演化的动力之一。通过学习来自古印度和西域的画法，借鉴现实世界中的建筑、动物和植物，敦煌画师们迸发出了极大的创造力，从而创造出伟大的敦煌理想世界。

正是历代画师的创造力，赋予了壁画中的万物灵性。

目录

神兽动物

孟春

敦煌神兽

孟春元日	九色鹿故事的渊源	006
孟春丙日	"共命鸟"的悲伤故事	009
孟春戊日	被人们喜欢的吐宝鼠	011
孟春庚日	凤鸟是不是凤凰？	013
孟春壬日	六牙白象	015
孟春甲日	千秋长命鸟——不死鸟	017
孟春乙日	妙音鸟	019
孟春丁日	谁能把狮子当宠物？	021
孟春己日	什么动物有这么多个脑袋？	023
孟春辛日	"天马"行空	025
孟春官日	守护财宝的龙卫兵	027
孟春癸日	西王母的快递员	029
孟春政日	青龙的真面目	031
孟春尧日	西方神兽白虎	033
孟春帝日	朱雀不是朱红色的？	035
孟春哲日	北方的守护神，到底是一尊还是两尊？	037

XII / XIII

敦煌动物

孟春明日	敦煌壁画中的虎，为什么总是饥肠辘辘？	039
孟春正日	象征着正义的大蛇	041
孟春学日	敦煌壁画中唯一的一只老鼠	043
孟春平日	谁是九色鹿的好朋友？	045
孟春保日	能听会说的鹦鹉	047
孟春至日	孔雀——壁画上的外来户	049
孟春神日	沙漠上竟然会看到鱼？	051
孟春圣日	是"猴"，还是"侯"？	053
孟春舆日	四蹄悬空的奔马	054
孟春道日	仙鹤，究竟"仙"在哪里？	057
孟春恩日	狂奔的野牛	059
孟春慈日	野猪——习惯一家子整整齐齐出行	061
孟春顺日	这对斗鸡，据说在屋檐上斗了一千多年	063
孟春忠日	大漠中隐藏着的水鸟王国	065

飞天乐舞

历代飞天

花朝元日	飞天在敦煌神界的地位	073
花朝丙日	飞天？飞仙？羽人？	075
花朝戊日	飞天是天龙八部的"合体"？	077
花朝庚日	散花的"天女"	079

花朝壬日	天国乐队担当	081
花朝甲日	飞天天团	083
花朝乙日	一个人的乐队	085
花朝丁日	裸体飞天	087
花朝己日	六朝飞天	089
花朝辛日	飞天新形象的诞生	093
花朝官日	最具创新性的飞天	095
花朝癸日	鼎盛时期的飞天	097

敦煌乐器

花朝政日	已经失传的古代乐器	099
花朝尧日	编钟的近亲	101
花朝帝日	拨浪鼓的加强版	103
花朝哲日	不光是乐器，也是舞具	105
花朝明日	不是箫，也不是笛	107
花朝正日	敦煌壁画里的手鼓	109
花朝学日	出镜率最高的乐器	111
花朝平日	横竖都能吹的笛子	113
花朝保日	会自己演奏的神奇乐器	114
花朝至日	口琴的鼻祖	117
花朝神日	琵琶的老前辈	119
花朝圣日	四艺之首	121
花朝舆日	天籁之声	123
花朝道日	现实中不存在的乐器	125
花朝恩日	埙的前身	127

XIV / XV

古代舞蹈

花朝慈日	转到停不下来的胡旋舞	129
花朝顺日	边跳舞边敲腰鼓的"胖端倪"	131
花朝忠日	反弹琵琶不遮面	133

神将护法

桃月

神话人物

桃月元日	从华夏始祖到日月之神	141
桃月丙日	西王母是男还是女？	143
桃月戊日	东王公和西王母是夫妻吗？	145
桃月庚日	风神飞廉	147
桃月壬日	雷公与十二音雷公鼓	149
桃月甲日	古人对电的认知	151
桃月乙日	龙王在此	153
桃月丁日	雨师计蒙	155
桃月己日	中国古代的大力神	157
桃月辛日	乘龙仙人	159

天龙八部

桃月官日	敦煌壁画里的"天龙八部"	161
桃月癸日	天众是人还是神？	163
桃月政日	人首蛇身的龙众	165

桃月尧日	生性好斗的阿修罗王	167
桃月帝日	变幻莫测乾闼婆	169
桃月哲日	"傻神有傻福"的摩睺罗伽	171
桃月明日	伎乐天的前身——紧那罗	173
桃月正日	金翅大鹏迦楼罗	175
桃月学日	夜叉其实并不是妖怪	177
桃月平日	海中怪兽摩羯鱼	179

天王力士

桃月保日	大名鼎鼎四大天王	181
桃月至日	北方多闻天王	183
桃月神日	南方增长天王	185
桃月圣日	西方广目天王	187
桃月舆日	东方持国天王	189
桃月道日	怒目火神金刚	191
桃月恩日	哼哈二将	193
桃月慈日	健身达人金刚力士	195
桃月顺日	药师佛的助手——十二药叉大将	197
桃月忠日	二郎神原型——独健	199

XVI / XVII

大千世界

槐夏

❁ 城楼建筑

槐夏元日	保留至今的唐代建筑物	207
槐夏丙日	画一座城	209
槐夏戊日	城必有角，角必有楼	211
槐夏庚日	殿与堂	213
槐夏壬日	"塔"的起源	215
槐夏甲日	宫阙的"阙"	217
槐夏官日	廊的必要性	219
槐夏丁日	寺与庙	221
槐夏己日	一寺三门	223
槐夏辛日	亭台楼阁	225

❁ 法器宝物

槐夏官日	镇国七宝	227
槐夏癸日	处处莲花，花开见佛	229
槐夏政日	灯树千光照	231
槐夏尧日	焚香：古人每天都会做的事	233
槐夏帝日	手持柄香炉	235
槐夏哲日	华盖	237
槐夏明日	锡杖	239
槐夏正日	披帛	241
槐夏学日	风吹幡动	243

槐夏平日	佛钵	245
槐夏保日	菩萨头冠	247
槐夏至日	是法器，也是乐器	249
槐夏神日	净瓶	251
槐夏圣日	琉璃是不是古代的玻璃？	253
槐夏舆日	摩尼宝珠	255
槐夏道日	无坚不摧金刚杵	257
槐夏恩日	璎珞	259

❀ 花草树木

槐夏慈日	壁画里的"花花世界"	261
槐夏顺日	神奇圣树	263
槐夏忠日	菩提树	265

神兽动物

孟春

淑气催黄鸟,
晴光转绿萍。
——(唐)杜审言《和晋陵陆丞早春游望》

敦煌神兽―敦煌动物

九色鹿 莫高窟257窟 西壁 北魏（临摹）

神兽动物

你肯定知道大名鼎鼎的九色鹿，那你还知道敦煌壁画中的其他神兽吗？

除了和九色鹿一起被誉为"敦煌四大神兽"的翼马、青鸟和守宝龙，我们还会看到青龙、白虎、朱雀、玄武（合称四象），还有文殊的青狮、普贤的白象、妙音鸟、千秋长命鸟、共命鸟，以及象征财富的吐宝鼠等。

这些神兽之外，敦煌画师们还在洞窟的泥壁上画下了敦煌地区常见或不常见的动物们，如野牛、野猪、马、黄羊、大鱼、斗鸡、鹦鹉、孔雀等。虽然它们大多只是场景的参与者，用来渲染气氛，但《舍身饲虎》里的那只饿虎，可是推动情节发展的关键角色。

这些来自现实世界的动物，和虚幻世界的神兽们一起，存在于敦煌壁画中，给今天的我们带来一个亦幻亦真的美妙壁画世界。

鹿王本生　莫高窟 257 窟　西壁　北魏（临摹）

九色鹿故事的渊源

　　九色鹿的故事是敦煌艺术的经典传说之一。20 世纪 80 年代，上海美术电影制片厂将这一故事搬上银幕，创造出家喻户晓的佳作《九色鹿》动画片，九色鹿亦由此成为一代人心目中"真善美"的化身。

　　九色鹿的动画故事，源自莫高窟 257 窟的"鹿王本生"壁画。古代敦煌画师们以图画的方式转译了这个以文字为载体的佛经故事——《佛说九色鹿经》。为了完整地表现整个故事，敦煌画师创新性地采用"横卷式构图"，将九色鹿与国王相遇的精彩瞬间置于长幅画面中央。

　　在河边悠闲饮水的九色鹿，与一只乌鸦结下了深厚的友谊。一日，它拯救了一位落水者，却婉拒了对方的报恩请求，只提醒他切勿透露自己的行踪。某夜，王后梦见九色鹿，对其美丽的皮毛心生向往，遂请求国王捕捉。国王发布告示，悬赏能提供九色鹿线索者。落水者回城后，见利忘义，带领国王和士兵找到了九色鹿的居所。

孟春 元日

立春 初候，东风解冻

"昔者菩萨身为九色鹿，其毛九种色，其角白如雪。"
——《佛说九色鹿经》

沉睡中的九色鹿未能及时听到乌鸦的警告，醒来时已被军队包围。它镇静地向国王走去，以人言道出事情的真相。国王听后满面羞愧："受人之恩，反欲出卖，实非善道。"于是，国王放生了九色鹿，而落水者则因羞愧难当，浑身生疮而亡。

谁是九色鹿形象的创造者？

最初，关于九色鹿的描述仅限于文字记载。古代敦煌画师们充分发挥了自己的创造力：以白鹿为基础，点缀斑驳的色块，来塑造这一经典的鹿王形象。

九色鹿的形象演变，深刻地反映了丝绸之路上文化交流与融合的历史进程：这一来自印度南亚地区的民间传说（壁画中的人物形象与建筑风格为此提供了证据），经过丝绸之路的传播（尤其是敦煌画师的艺术加工），在历代艺术家的不断创造下，逐渐演变成现代人心目中那个美好的形象。

谁是九色鹿的好朋友？ P045

共命鸟　榆林窟 025 窟　主室南壁　中唐（临摹）

孟丙春
日
立春 初候，东风解冻

"夫妻本是同林鸟，大难来时各自飞。"
——《冯玉兰夜月泣江舟》元 佚名

"共命鸟"的悲伤故事

敦煌壁画中讲述了这样一个凄美的传说。在佛国世界里，有着一只名叫"共命鸟"的双头神鸟。它栖息于雪山之巅，手持优雅的弯琴，担任着天国的乐师。每当佛国举行盛大的庆典，其身影便翩翩起舞于人群中。与其他鸟类相异，共命鸟两头共用一躯，思想与生活方式各不相同。日间它们一同觅食，夜间则轮流守护安全。一头安眠之际，另一头便负责守望，堪称"最佳拍档"。

不幸的是，一日当一头沉睡时，一朵鲜花随风飘落至另一头眼前。它心想"我们本为一体，吞噬此花对同一身体同样有益"，便未唤醒另一头独自享用。沉睡的另一头醒来，感到身体焕然一新，心生诧异，于是吃下花的那一头如实相告了。然而，未共享美味的那一头竟然心生怨恨。它乘另一头熟睡之际，吞下毒果，终致同归于尽。

这在现代人眼中是一个典型的"双输"故事。千年前的古人希望通过壁画告诫我们：过于计较利益得失，往往会使人理智尽失，做出既损人又不利己的选择，最终难以挽回败局。

共命鸟与妙音鸟是什么关系？

在敦煌壁画中，它们同样擅长演奏天籁之音，唯一的差别在于共命鸟多了一个头，使用的是弯琴。学者们推测，共命鸟或许是妙音鸟在演变中的一种新形态。

妙音鸟 P019　现实中不存在的乐器 P125

吐宝鼠　榆林窟025窟　前室东壁　中唐（临摹）

立春 初候，东风解冻

"鼠大如猬，其毛则金银异色。"
——《大唐西域记》

被人们喜欢的吐宝鼠

"吐宝鼠"的故事深深植根于藏传佛教文化之中。据说，吐宝鼠生活在浩瀚的大海之中，并非普通的生物，而是八大龙王的眷属。传说中的吐宝鼠，拥有一个非常神奇而略显尴尬的能力——"不会排泄"。这个神奇的特性使得它无论摄入何种食物，最终都会转化为珍贵的宝珠，从口中吐出。这些宝珠不仅是装饰品，更代表着天、人、龙三界的财富和愿望，因此被称为如意宝珠。

所以，在藏传佛教中，吐宝鼠象征着慷慨、施与、财宝和成就，这种神奇的生物成为各路财神手中的专属象征。

在敦煌壁画中，吐宝鼠的形象曾多次出现。这不仅展现了自古以来人们对财富的渴望，而且反映了敦煌壁画艺术中多元文化的融合和相互影响。

吐宝鼠的原型是常见的老鼠吗？

吐宝鼠的原型极有可能是鼠鼬。在印度和中亚地区，鼠鼬也常被称作"吐宝鼠鼬"（鼠鼬常被误认为是獴，又因为是蛇的传统天敌而被赋予了特殊的意义）。也有专家指出，在中亚的某些地区，人们会用鼠鼬的皮来制作钱包或珠宝袋，从口中倒出硬币、宝石或贝壳的造型与吐宝鼠吐出宝贝的传说可以说是不谋而合。

二郎神原型——独健 P199

凤鸟　莫高窟249窟　北壁　西魏（临摹）

孟春 庚日 立春 初候，东风解冻

"鸾凤自歌，凤鸟自舞。爰有百兽，相群是处，是谓沃之野。"
——《山海经·大荒西经》

凤鸟是不是凤凰？

正如龙一样，凤凰亦为古人凭借幻想塑造的生物，其身融合了众多异兽的特征。《尔雅·释鸟》对凤凰的描绘是这样的：它有着雄鸡的头部、燕子的下颌、蛇的颈项、龟的背甲、鱼的尾鳍，以及斑斓多彩的羽毛。

凤凰，在早期仅以"凤"一字著称，古籍开始出现"凤皇"——意指凤鸟中的王者。随着时间的推移，"凤凰"演变成两个字的联称，在古代神话传说中代表着一对神圣的鸟，雄性称"凤"，雌性称"凰"，合称凤凰。

在敦煌壁画中，凤鸟的形象与常见的凤凰相比，显得更为清新脱俗。我们今日所见的凤凰，周身五彩斑斓的羽毛，尽显华贵之姿，光彩夺目。这种差异除了绘画风格的区别，更是凤凰作为中华民族心中尊贵的文化象征，不断被强化和传承的体现，如"望女成凤""龙凤呈祥"等成语所传达的意义。

如何辨识朱雀与凤凰？

在古代典籍中，朱雀与凤凰的形象常常混淆杂糅在一起，令人难以辨别。然而从敦煌壁画中可见，朱雀的形象较为简约，而凤凰的构造则更为精致复杂。

2 早期说法图 P101

六牙白象　莫高窟 159 窟　西壁　中唐（临摹）

孟壬春
立春 初候，东风解冻

"六牙行致远，千叶奉高居。"
——《象》唐 李峤

六牙白象

对于《西游记》的读者而言，狮驼岭的三位妖魔中，那位白象精怪无疑令人印象深刻，其身份乃是峨眉山普贤菩萨的坐骑。

在佛教文化传统中，白象承载着丰富的象征意义：其雄伟的体态与温和的性情，象征着忍辱负重的能力和承担重大责任的勇气；其洁白的身躯，代表着纯洁无瑕，未被烦恼和杂质玷污。因此，白象曾是佛陀与菩萨共用的神圣坐骑（最初并非普贤菩萨专属。随着《法华经》的广泛传播，白象才逐渐成为普贤菩萨的专属象征）。更引人入胜的是，普贤菩萨所乘白象并非普通的象，而是拥有六颗象牙的白象。

众多流传广泛的佛教故事也记载了佛陀与白象之间的深厚缘分。例如，当释迦牟尼佛从兜率天宫降生人间时，他乘坐的正是一头六牙白象。而其母摩耶夫人在白日梦中见到一头六牙白象进入腹中，随后便诞下了释迦牟尼佛。

白象的六牙有着怎样的特殊含义呢？

关于"六牙"，较为主流的解释是它象征着修行之道中的"六度"，即布施、持戒、忍辱、精进、禅定、般若这六种美德。

2 乘象入胎 P081

千秋长命鸟　莫高窟 249 窟　北披　西魏（临摹）

孟春

立春 二候，蛰虫始振

"自辉诸之山至于蔓渠之山，凡九山，一千六百七十里。其神皆人面而鸟身。" ——《山海经·中山经》

千秋长命鸟——不死鸟

《山海经》中向人们描述了这样一种古老的神话仙灵：长着人头和鸟身，有着长长的尾巴。它就是护送人们升仙的向导——千秋长命鸟。

在莫高窟249窟的泥壁上，就绘有一只千秋长命鸟。敦煌壁画中的这只千秋长命鸟，头部后伸，胸部挺起，尾羽修长飘逸，在虚空流动的星云间展翅而飞（也有人认为敦煌壁画中千秋长命鸟的形象来自中国远古神话中的东方之神——句芒）。

千秋长命鸟和妙音鸟有什么关系吗？

敦煌壁画中的这两只鸟看上去有几分相似，同是人首鸟身。不过，千秋长命鸟的概念可能来自道教，被认为是永远不死的鸟；而妙音鸟则来自古印度，其职能是在佛前演奏妙乐。我们可以看到，中国的神仙修道文化和古印度的佛教思想，就是这样在敦煌混合共生着。

妙音鸟 P019

妙音鸟　榆林窟 025 窟　主室南壁　中唐（临摹）

孟春

立春 二候，蛰虫始振

"山谷旷野，多有迦陵频伽，出妙声音，若天若人，紧那罗等无能及者。"

——《正法念处经》

妙音鸟

妙音鸟，又称迦陵频伽，相传生活在雪山（喜马拉雅山）并能发出美妙的声音，是佛国极乐世界之神鸟。

妙音鸟极为擅长音乐，不仅有美妙的歌喉，在弹奏乐器方面也是一把好手。 据说连号称"歌神"的紧那罗也无法超越它。妙音鸟被敦煌画师描绘成人首鸟身、半人半鸟的形象，在佛前常作乐舞供养。

在榆林窟025窟南壁的《观无量寿经变》中，就绘有这样一只弹琵琶的神鸟，它上半身是人的形态，背后长有翅膀，下半身却是鸟。它正在弹奏琵琶，手势显得十分熟练。

在莫高窟061窟中，还记载着一支少见的由妙音鸟组成的乐队，五只妙音鸟使用不同的乐器，分别是琵琶、拍板、笛、箫、笙。这幅壁画上，妙音鸟身姿挺拔端正，神态认真严肃，营造出一种庄重的氛围。

妙音鸟来源于哪里？

从雪山等特点来推断，妙音鸟的故事应该出自古印度神话。不过也可以看出，它明显借鉴了古希腊、古罗马神话中长有翅膀的神——天使的形象特征，所以妙音鸟极有可能是古印度和古希腊、古罗马神话结合的产物。

青狮　榆林窟025窟　主室西壁　中唐（临摹）

孟春

丁日 立春 二候，蛰虫始振

"狻猊即狮子也，出西域"
——唐代高僧 慧琳

谁能把狮子当宠物？

狮子外表凶猛，吼声洪亮，因为其雄壮和力量成为中国文化中的图腾之一。它代表了荣耀和庄严，这一点不仅体现在艺术品和文学作品中，还体现在庆典和仪式上。狮子，也是敦煌壁画中最早出现的动物形象之一。

在敦煌壁画中，青狮是文殊菩萨的坐骑，而文殊菩萨又是智慧的象征，所以在佛教中，狮子拥有智慧的力量，能降伏一切烦恼。

《西游记》中也有关于青狮的故事。文殊菩萨的坐骑青毛狮子下凡，大口能吞十万天兵，与白象、大鹏结拜为兄弟，最后还是文殊菩萨将其收服。

在唐代榆林窟025窟西壁的《文殊变》中，就有一头"威猛"的狮子，它脚踏莲花，鬃毛卷曲，怒目圆睁，张着大嘴，露出獠牙——怎么越看越像一只可爱的宠物？

真实世界中，中国古代的狮子从哪里来的呢？

狮子并非中国的本土动物，而是遥远非洲的独特产物。《后汉书》记载，中国最早出现的狮子，是汉朝章和元年（公元87年）由安息王作为珍贵礼物进献的。唐贞观年间，进献狮子的记录就有13次。自此，作为西域猛兽，狮子逐步进入了中国人的视野。

2 智慧化身的文殊菩萨 P041

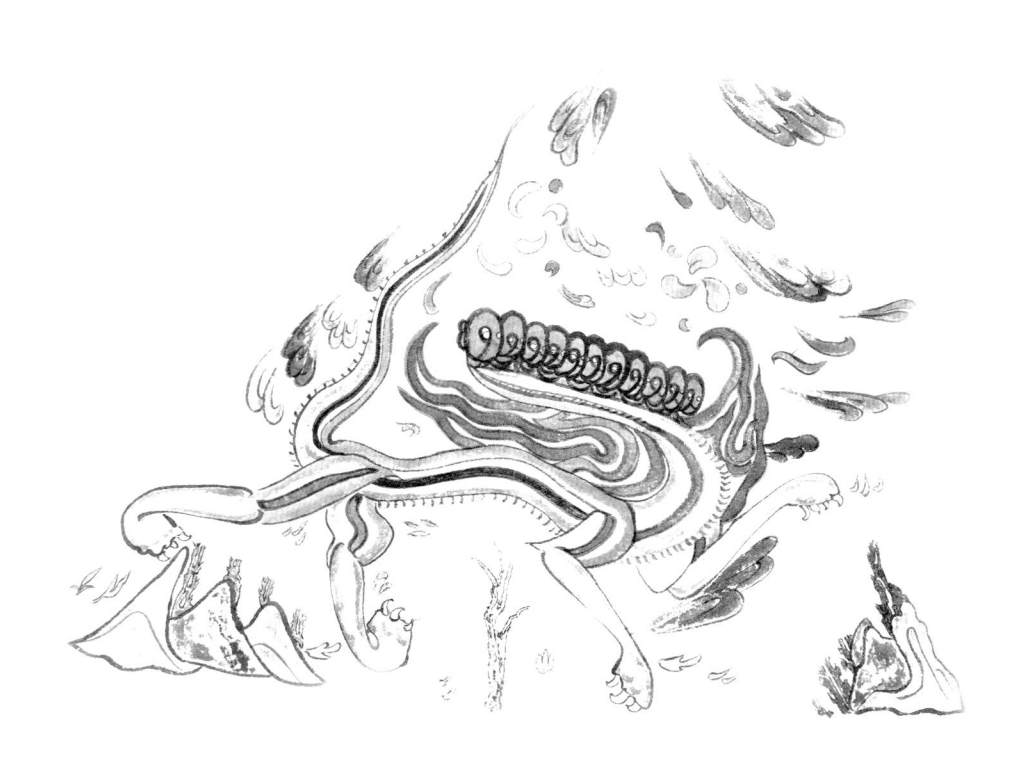

开明兽　莫高窟 249 窟　南披　西魏（临摹）

孟春
己日
立春 二候，蛰虫始振

"昆仑南渊深三百仞，开明兽身大类虎而九首，皆人面，东向立昆仑上。"

——《山海经·海内西经》

什么动物有这么多个脑袋？

据说，万山之祖昆仑山有九道门，护卫神兽名为"开明兽"。它会始终睁大眼睛环视四周，不让任何异常生物进入昆仑山，守护着昆仑山的和平与安宁。开明兽身体如巨大的老虎，长有九颗人头，勇猛暴躁。

这个不可思议的形象在敦煌壁画中出现过多次。开明兽的经典造型是夸张的头，一个大头之上有八小头冠状排列；而在另外一些壁画中，开明兽的九个头则是并列排布，显得相当紧凑。（另一说，此兽为"雄虺九首"，即古代神话中的九头龙，屈原在《楚辞·天问》提到过。）

在敦煌壁画中，开明兽是道教的守护神，也是东王公与西王母的随从。而敦煌壁画中的开明兽造型往往不止有九个头。这里的"九"往往表示很多，所以壁画中常有九头、十一头、十三头等不同数量的造型。

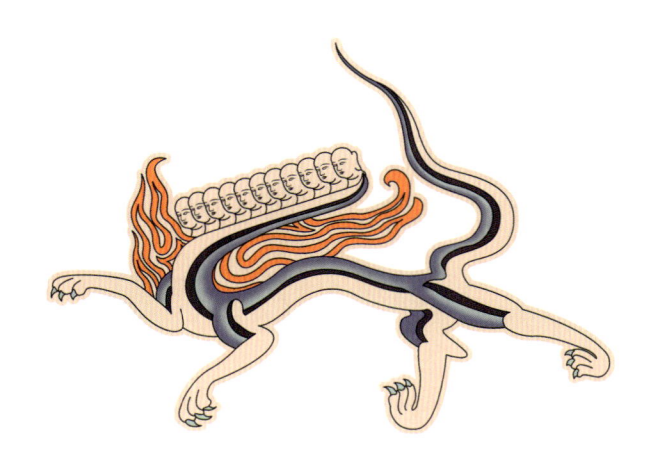

开明兽为什么要长这么多头？

作为昆仑仙境的守卫者，开明兽的九首对应昆仑的九门，可以一个脑袋来关注一个门的动静，各司其职，互不打扰。

翼马　榆林窟010窟　西披　西夏（临摹）

孟春 辛日

立春 二候，蛰虫始振

"天马来出月支窟，背为虎文龙翼骨"

——《天马歌》 唐 李白

"天马"行空

我们常常会说某种想法"天马行空"，意思是过于大胆、不切实际、漫无边际。

但如果去探究"天马行空"这个成语的来历，我们会发现它出自明代刘廷振《萨天锡诗集序》："其所以神化而超出于众表者；殆犹天马行空而步骤不凡。"这里说的是西域产的千里马（尤其是汗血宝马），奔跑的速度快到像天马，仿佛能腾空飞行。

这里提到的天马，并非产于中原，而是出产在西域月氏、大宛等国。在时人眼中，西域几乎就是这个世界最西边的地方了，所以诗人李白还特别做了文学加工——背上的毛色就像虎，长着飞龙的翅膀——天马的形象就更加神奇了。

榆林窟010窟西披，有一匹身体洁白，肩膀上长着一对青蓝色翅膀的神兽，它叫作"翼马"，可以说是对"天马行空"最好的诠释。我们通过它能看出古人对天空的向往和对飞行的渴望。

图中的翼马挥动翅膀，脖颈后面的鬃毛随风飘摇，可谓是英姿飒爽。身后的尾巴像旌旗一般摆动，动态十足，可见有着极快的速度和极强的飞行能力。

马对古人来说有多重要？

唐宋时期，人们对马匹极为重视。马不仅是交通工具，而且是中原与西域主要交流的商品，更是重要的国家级军事战略物资。唐太宗一生最大的嗜好便是收集宝马，留下了著名的"昭陵六骏"浮雕。

3 汉武帝的良苦用心——汗血宝马 P081

守宝龙　榆林窟 025 窟　主室北壁　中唐（临摹）

孟春

官日

立春 三候，鱼陟负冰

"有美为鳞族，潜蟠得所从。标奇初韫宝，表智即称龙。"
——《骊龙》唐 佚名

守护财宝的龙卫兵

和九色鹿、青鸟、翼马一并作为"敦煌四大神兽"的守宝龙，是敦煌神兽的典型代表。

值得注意的是，与人们常见的呈现上下腾飞、不可一世的姿态的龙不同，敦煌的守宝龙呈现出"守卫"的状态，一动不动，展现了忠心耿耿、使命必达的担当。

在榆林窟 025 窟主室北壁的《弥勒经变》中，这两条神龙面前摆放着的是国王供奉给弥勒佛的珍宝。既然是国家级别的珍宝，自然需要认真守护。这两条神龙分别蹲踞在珍宝箱子左右，端庄威严，它们嘴巴张开，露出锋利的牙齿，犹如威武的武士亮出自己的宝剑，充满威慑力，让人望而生畏。

敦煌的守宝龙和后世常见的龙为什么不一样？

今天我们看见的龙多是画面的主角，显得不可一世，这是明清以来皇权不断加强的结果。从敦煌壁画中守宝龙的造型可以推论出，早期龙的地位并不像在现在的人们心目中那么高，当时它们有类似守卫的作用，通常只是作为画面的配角出现。

2 《弥勒经变》（上）——龙华三会 P113

青鸟 莫高窟249窟 东披 西魏（临摹）

孟春癸日

立春 三候，鱼陟负冰

"又西二百二十里，曰三危之山，三青鸟居之。"
—— 《山海经·西山经》

西王母的快递员

《山海经》中记载的三青鸟（一说是三足青鸟）有着红色的脑袋、黑色的眼睛，一只叫大黎，一只叫少黎，还有一只直接叫作青鸟。

它们住在三危山，是西王母身边的神兽，负责为西王母衔取食物和传信。放在现代来看，青鸟的工作就相当于"快递员"。

在敦煌壁画中，青鸟原来是力气很大且擅长飞行的猛禽，这也符合早期传说对其的描述。经过不断流传演变，青鸟的造型逐步变得越来越小巧玲珑、秀丽可爱，它也被赋予了许多美好的含义，比如象征爱情及对梦想和希望的追求。

左页这只青蓝色的神鸟并非在执行它的快递员任务，而是在参加一场盛大的宴会。它昂首挺胸，扇动翅膀，既像要振翅高飞，又像在翩翩起舞。它嘴巴微张，似乎是在引吭高歌，生动的形象极具感染力。

青鸟和凤凰有什么关系？

中国古代的神鸟除了青鸟，还有凤凰、鸾鸟、鲲鹏、三足乌、比翼鸟等。人们最熟悉的往往是金黄色的凤凰。在古代传说中，青鸟是凤凰的前身，因浑身散发青光而被称为"青鸟"。

西王母是男还是女？P143

青龙　画像砖　西晋（临摹）

孟春 政日

立春 三候，鱼陟负冰

"青龙举步行千里，休道蓬莱归路长。"
——《小游仙诗九十八首》 唐 曹唐

青龙的真面目

龙，自古以来就是华夏民族崇拜的神兽。古人认为龙掌管着降雨，而降雨决定着农耕收成，农耕的收成则决定着人们的生活水平。所以，龙就是农耕社会的主要"图腾"。例如农历二月初二，民间称"二月二，龙抬头"，象征着春回大地，万物复苏。

青龙，又称苍龙，为"天之四灵"之首的东方之神，是东方七宿的总称。中国恰恰处于世界的东方，青龙正好就是东方的守护神。而从我国现存最早的历史文献《尚书》来看，青龙一词已经得到广泛使用。

我们想象中的龙，总是不可一世、耀武扬威的；而敦煌壁画中的龙，和现在认知中的龙差别甚大。在敦煌壁画中，龙族只是天龙八部中的一族，或者是神仙的坐骑。只是伴随着皇权社会对龙的形象的不断攀附，龙才有了今天的尊贵地位。

什么是"左青龙，右白虎"？

影视剧中，我们经常听见这样的切口，显得角色威风八面。这是因为"四象"发展到后期成了道家的保护神，也影响了后世的风水学。其实我们可以将其简单理解成"神仙来保佑"。

3 敦煌众龙 P215

白虎　莫高窟428窟　窟顶　北周（临摹）

孟春
尧曰
立春 三候，鱼陟负冰

"白虎黑文，不食生物，有至信之德则应之。"
——《毛诗注疏》西汉 毛亨

西方神兽白虎

虎，自古以来便是正义、勇敢与威严的化身。其早期崇拜，源于楚文化中对虎的图腾信仰。在古代文献中，白虎常被用作与军事相关的命名，如虎符、白虎旗等，皆因其象征着强大军队的威武，被视为战神的象征。

莫高窟 428 窟（即著名的《舍身饲虎》壁画所在之处）的窟顶上，可见这样一对彼此凝望的白虎。在土红的背景之上，画师以黑线精细勾勒出白虎的造型，使得白虎的身姿越发生动，彰显出勃勃生机。

下方这幅由现代插画师所创作的白虎，火焰生于臂下，飞跃于半空，展示了其威武不屈的风采。如此造型的老虎，是不是让你想起了这样一个成语——如虎添翼？

白虎是怎么被古人创造出来的呢？

据说古人根据对天象的观测，将龙象、虎象、鸟象、龟蛇定在东方、西方、南方和北方；同时又融合五行学说，五行配五色（青赤黄白黑），"认真"创造出了青龙、白虎、朱雀、玄武这样经典的组合。

朱雀图　画像砖　西晋（临摹）

孟春 帝日

立春 三候，鱼陟负冰

"朱雀桥边野草花，乌衣巷口夕阳斜。旧时王谢堂前燕，飞入寻常百姓家。"

——《乌衣巷》唐 刘禹锡

朱雀不是朱红色的？

朱雀，作为古代神话中的天之四灵之一，是东南西北四个方位中南方的守护神。

在当代艺术作品中，朱雀最典型的特征就是一身醒目的红色羽毛，由于在传统五行中主火，朱雀又常以浑身冒火的形态出现。虽然以通体朱红的"神鸟"姿态出现在艺术作品中，但据说朱雀并不是鸟，它是南方七宿的化身，是神灵。

不同的是，在古人的视角中，朱雀未必就是浑身朱红的。古人笔下的朱雀形象，五彩斑斓，像凤凰一样长有华丽的冠顶和夸张的尾羽，冠顶上方的火焰代表着它不凡的身份，显得有几分华贵。

你听过朱雀门吗？

朱雀门，往往与玄武门相对。因为朱雀是南方的保护神，通常代指皇宫的南方。朱雀门，其实就是指皇宫的南门。

玄武　莫高窟 249 窟　东披　西魏（临摹）

孟春　哲曰

雨水　初候，獭祭鱼

"玄武在北方也，龟、蛇二虫共为玄武，故蛇是玄武之宿，虚危之星也。"
——《左传》

北方的守护神，到底是一尊还是两尊？

这头神兽的外观略显奇特，实则它乃北方的守护神祇。与众不同的玄武，融合了龟与蛇之特征，其形象表现为一只巨大的龟身上蟠绕着一条硕大的蛇。

玄武的造型如此特别，因此渊源众说纷纭，其中有一种说法是龟代表阴、蛇代表阳，取阴阳组合之意。据考古发现，玄武的形象最早在汉代瓦当、壁画及画像石上得以展现。

历经两千余载，玄武始终是中国古代神话中天之四灵的重要成员，在莫高窟 249 窟窟顶东披，便绘有早期的玄武图案。

玄武门是何意？

若将"玄武"二字拆分，便各自指向蛇与龟——玄蛇与龟武。听起来颇为威猛的"玄武门"，实质上是对（皇宫）北门的特殊称呼。

036 / 037

饿虎 莫高窟 285 窟 东披 西魏（临摹）

孟春 明日 雨水 初候，獭祭鱼

"饿虎衔髑髅，饥乌啄心肝。"
——《阻戎泸间群盗》 唐 岑参

敦煌壁画中的虎，为什么总是饥肠辘辘？

作为百兽之王，老虎在人们的传统印象里大多凶猛而威严。但在敦煌莫高窟中，这位百兽之王却有着各种造型，其中"饿虎"便是一个非常经典的设定。

在敦煌故事中，饿虎往往起着推动故事情节发展的重要作用，最出名的莫过于《舍身饲虎》。壁画上的老虎饿得瘦骨嶙峋，甚至要吃掉自己的孩子，萨埵太子见此场景，心中不忍，要牺牲自己拯救老虎。因此，这只饥饿的老虎是萨埵太子成佛的重要见证者。

在莫高窟285窟窟顶东披，也绘有这样一只饿虎，它俯首帖耳，小心翼翼，似在试探禅修的僧人，趁其不备偷袭前方的小鹿。画法看似随意粗放，造型却生动传神。

看来，在古代"饥饿"是常态，更容易引起人们的共鸣——"百兽之王"的老虎尚且如此，何况其他生灵呢？

敦煌地区真的有老虎出没吗？

这种"大猫"出现在1000多年前的石窟壁画中，人们往往以为是佛教典籍记录的结果，其实老虎是千真万确在西域地区存在过的。据记载，敦煌地区有过老虎（又称里海虎、新疆虎、高加索虎）出没。但随着沙化严重，里海虎于20世纪80年代灭绝。当时的敦煌画师们有相当大的概率见过这一物种，因此才能画得栩栩如生。

2 舍身饲虎 P077

持蛇的魔众　莫高窟 254 窟　主室南壁　北魏（临摹）

孟春 正月日
雨水 初候，獭祭鱼

"神龟虽寿，犹有竟时；腾蛇乘雾，终为土灰。"
——《龟虽寿》 东汉 曹操

象征着正义的大蛇

人们总是谈蛇色变，其实古人非常崇拜蛇这种动物，认为蛇非常神秘，具有非凡的力量。

因此，蛇会出现在许多中西方传说中。作为一种艺术元素，蛇也在许多古诗和壁画中频繁亮相。比如左页这幅《降魔变》中的魔众，手中持握着长蛇。

敦煌壁画中，对大蛇的正面描绘并不多。在五代时期榆林窟 016 窟后室东壁的画上，一棵露出树根、开始倾斜的大树被一条巨大的蟒蛇紧紧缠绕。右图为《劳度叉斗圣变》的局部，象征着正义的佛教弟子舍利弗和象征着邪恶外道的劳度叉正在斗法，劳度叉化作大树，舍利弗则化作大蛇。蛇缠着大树，树根露出将要倾倒的情景，预示着代表正义方的蛇将在这场斗法中获得胜利。

蛇是如何进入佛教文化中的呢？

佛教起源于古印度，古印度中有部落以蛇为图腾，这一部落被佛收服，成为天龙八部中的一部护法——蛇族。他们有一个拗口的名字，叫"摩睺罗伽"（意为大蟒神）。

2 劳度叉斗圣变 P125

老鼠　榆林窟025窟　主室南壁　中唐（临摹）

孟春 学日
雨水 初候，獭祭鱼

"硕鼠硕鼠，无食我黍！"
——《硕鼠》 先秦 佚名

敦煌壁画中唯一的一只老鼠

"小老鼠，上灯台，偷油吃，下不来。"在人们的印象里，老鼠是四害之一，专门偷粮食，搞破坏。即便是在古代，画师们会画鸟，画鹿，画马，画兔子，也几乎没有人会专门去画老鼠。

但是，在榆林窟025窟《观无量寿经变》壁画的廊柱下，却隐藏着这样一只白色的小老鼠。而这只小老鼠，可以说是在敦煌壁画中唯一出现的真实老鼠形象（对了，神兽吐宝鼠不算）。

我们可以看到，壁画里这只小老鼠可谓线条粗疏，但仍然显得十分灵动，奔跑的姿势也很符合动物学。

为什么要在宏大庄严的说法图中绘制一只小老鼠呢？

要知道，这种动物并不在《观无量寿经》的记载之中，可是壁画中的"稀客"，因此引发了人们的各种想象。有人说，这只小老鼠在佛祖讲经时从廊柱下跑过，说明不但凡人和鸟兽被佛祖的课吸引，就连老鼠这样"被人嫌弃"的动物也来听讲，体现了佛家常说的"众生平等"；还有人说，这就是《西游记》中托塔天王的义女金鼻白毛老鼠精；也有人说这是画师的无心之举。这只小白鼠已经成了敦煌学留在壁画中的一个谜团，也等待着你的探索。

2《观无量寿经变》P105

野驴　莫高窟 257 窟　西壁　北魏（临摹）

孟春 平日 雨水 初候，獭祭鱼

"常在恒水边饮食水草，常与一乌为知识。"
——《佛说九色鹿经》

谁是九色鹿的好朋友？

　　大名鼎鼎的九色鹿的好朋友应该是谁？如果从九色鹿故事的来源《佛说九色鹿经》中考证，你会发现九色鹿的朋友应该是只乌鸦。

　　然而，在敦煌壁画中，画师却画下了这么一个形象，作为九色鹿的好朋友而存在。

　　有人说这是驴。在戈壁草原上就生活着这样一种野驴（蒙古野驴），分布于中亚及西亚各国及中国内蒙古、甘肃和新疆地区。蒙古野驴可以长期生活在荒漠、半荒漠化地区，耐饥渴能力非常强。

　　还有人说是黄羊。这是敦煌现实世界中的常见动物，它身上的颜色呈黑色主要是由颜料氧化所致。

为什么敦煌画师要在这里发挥自己的想象力？

　　这位九色鹿的伙伴应该来自敦煌画师的创作。善良的画师们可能认为，生活在虚幻世界中的九色鹿，如果有着习性接近、体态相仿的动物伙伴，可能也就不那么孤单吧。

九色鹿故事的渊源 P006

鹦鹉　榆林窟 025 窟　主室南壁（临摹）

孟春

保日

雨水 二候，候雁北

"惟西域之灵鸟兮，挺自然之奇姿。"
——《鹦鹉赋》 东汉 祢衡

能听会说的鹦鹉

　　鹦鹉，因为羽毛色彩鲜艳如宝石，能学人言，所以深受人们的喜爱。莫高窟北朝壁画中开始有鹦鹉图像出现。隋唐时期，随着净土信仰在敦煌盛行，"孔雀为经，鹦鹉语偈"的观念使得鹦鹉形象和佛经关联逐步加深。人们认为鹦鹉是具有慧根的鸟类。佛经中也有很多菩萨化身为鹦鹉的故事，所以敦煌壁画中鹦鹉的数量不断增加。

　　现实世界中，鹦鹉可以说是中原汉地的稀罕物种，敦煌地区的鹦鹉也是从其他地方运输而来的，一度物以稀为贵。

　　《观无量寿经变》中，就描绘了一对鹦鹉听法的场景。这两只鹦鹉都是绿色的羽翼、红色的弯喙，在胸前也留有一抹红色。其中一只立于栏杆柱上，展翅回首，另一只侧身站在栏杆上微微张嘴，好像是在与同伴低声轻语。这种相互呼应的形式，在后世的构图中成为一条常用的法则。

为什么鹦鹉会出现在气氛肃穆庄重的讲法场合呢？

　　因为，鹦鹉最大的本领就是"善于学舌"，鹦鹉发出的声音端正，音调优美，契合了讲法场合的典雅庄重。而且它在讲法的场合之中，也可以做最擅长的事情，那就是模仿诵念佛经——这也说明，连鹦鹉都能得到感化呢！

2 《观无量寿经变》P105

孔雀　榆林窟 025 窟　主室南壁　中唐（临摹）

孟春至日 雨水 二候，候雁北

"越鸟青春好颜色，晴轩入户看呫衣"
——《孔雀》唐 李郢

孔雀——壁画上的外来户

对于中原地区来讲，色彩斑斓的孔雀是一个外来物种，源于遥远的印度。据史书记载，自汉代起，孔雀便作为珍贵的贡品被进贡，其优雅的身姿和绮丽的羽毛深得人们的喜爱，尤其是"孔雀开屏"之美，更是成为人们交口称赞的佳话。

随着佛教的传播和繁荣，"孔雀为经，鹦鹉语偈"的说法日盛，色彩艳丽的孔雀也就频繁出现在装饰图案和众多经变画中。

你听说过孔雀明王吗？

中原佛教经文中，记载了这样一个令人难以置信的故事。相传，在领悟佛法之前，孔雀是一种性情残暴、以人为食的怪物。它甚至曾将佛祖一口吞下。然而，佛祖不仅未丧命，反而破开孔雀背脊而出。孔雀虽受重创却未致死。众佛认为佛祖自孔雀体内而出，犹如婴儿从母体诞生，因此尊称孔雀为"孔雀大明王菩萨"，意喻"佛母"。这则故事原本旨在教化世人放下仇恨与执念，却意外留下了"孔雀为佛母"的奇异传说。

大鱼 榆林窟003窟 西壁 西夏(临摹)

孟春神日 雨水 二候，候雁北

"金麟岂是池中物，一遇风云便化龙。"
——《说岳全传》清 钱彩

沙漠上竟然会看到鱼？

在敦煌壁画中出现的这两条大鱼，令人印象非常深刻。

壁画中，在云雾飘荡的云海之上，许多菩萨、随从共同渡"海"前行。在画面右下角波浪起伏的大海里，浮现出两尾大鱼。这两条鱼线条流畅、鳞片清晰、双目有神，是敦煌壁画中体形最大、描绘最为细腻的鱼，其绘画风格为白描，是以鲤鱼和鲫鱼为基础进行神化的。

不过按我们的理解，敦煌处在河西走廊的最西端，周边是一片戈壁沙漠，敦煌画师们似乎没有机会见到这么大的鱼吧？

答案是著名的黄河流经甘肃南部，这里鲤鱼产量很高，"黄河鲤"闻名四野。敦煌画师对"黄河鲤"应该并不陌生，正因为有着这样的参考，再结合佛教里鱼的美好寓意，才能画出如此惟妙惟肖、体形庞大的鱼吧。

在榆林窟003窟主室西壁上，画师以娴熟的线条勾勒出大鱼的轮廓，细细勾画眼睛、鱼鳍、鱼鳞的形状，然后用淡墨一层层地晕染两种不同的鱼鳞，造型准确，活灵活现。鱼身周围的水波纹采用不同手法，变化多端，线描行云流水，粗细结合，表现出了波浪的大幅度起伏，十分生动。

鱼有哪些美好寓意？

在壁画中，大鱼用来表示海中有无数珍宝。而在中国传统文化中，鱼通"余"，所以寓意着"年年有余"，更有"鲤鱼跳龙门""鲤鱼化龙"等吉祥含义。

2 文殊菩萨出行 P127

猴子　莫高窟249窟　东披　西魏（临摹）

孟春

雨水 二候，候雁北

"沐猴而冠带，知小而谋强。"
——《薤露行》东汉 曹操

是"猴"，还是"侯"？

敦煌位于河西走廊的最西端，属于典型的暖温带干旱性气候，降雨量少，气候干燥，昼夜温差极大。

按道理，这样的气候条件并不适合猴子生存。但是，在敦煌的壁画中却出现了不少猴子的形象。据不完全统计，敦煌壁画中一共出现了30多只猴子。最早的猴子出现在西魏的壁画中，已经有1400多年历史了。

那么，敦煌画师是否见过真正的猴子？作为丝绸之路上的重镇，敦煌商贸文化交往频繁，但也会面临种种危险，诸如盗贼。从出土的唐代文物来看，商队出行时往往会携带猴子，灵活的猴子不仅在漫长的旅途中给商人们解闷儿，还成为商人们预防强盗和狼群的"哨兵"。一旦猴子察觉到潜在危险，就会发出嘶叫声以提醒人们提高警惕。就这样，猴子随着商旅驼队来到敦煌。

自古以来，猴子为什么受到人们喜爱？

除了猴子天性聪明，还因为"猴"与"侯"谐音。"侯"是中国古代的爵位之一，人们往往借此表达升官封侯的美好愿望。

奔马　莫高窟428窟　东壁　北周（临摹）

四蹄悬空的奔马

大家熟悉的古代疾驰的马，最出名的应该是"马踏飞燕"，那是甘肃省博物馆的"镇馆之宝"——铜奔马。骏马三足腾空，一足踏在飞鸟身上，体现了骏马疾驰胜过飞鸟的动感。

骑射图　画像砖　魏晋（临摹）

孟春

與日

雨水 二候，候雁北

"此马若遂千里志，追风犹可到天涯。"
——《咏马》唐 杨师道

　　在莫高窟 428 窟东壁，你也可以看到一幅王子们纵马奔驰的场景。画师为了表现王子们在山林中疾驰的状态，采用了夸张的手法。画面上这匹黑色骏马四蹄腾空的姿态，现实中不太可能存在，却是当时典型的中原画法。

　　你看，这匹骏马造型写实，流畅飘逸，仿佛能从壁画中直接"破画而出"。

除了马，古人还会骑什么？

　　在古代，马因为迅捷成为主要的交通工具，而来自西域的名马更是千金难求，也是重要的军事物资。但在很多场景下，人们不需要那么快的速度，因此会选择驴或者牛替代。而敦煌的商队在沙漠中旅行时，则更青睐耐力超强的"沙漠之舟"——骆驼。

仙鹤　榆林窟025窟　主室南壁　中唐（临摹）

孟春 道日

雨水 三候，草木萌动

"绰绰神姿，婷婷仙骨，头镶一点朱砂。清霜素羽洁无瑕。居浅泽，闲庭信步；出深谷，展翼齐霞。堪可谓，当今儒雅，绝代风华。"

——《潇湘夜雨·丹顶鹤》唐 佚名

仙鹤，究竟"仙"在哪里？

在古代，仙鹤就是"一鸟之下，万鸟之上"的存在，它的地位仅次于凤凰，为羽族之长，自古被称为"一品鸟"（明清一品大臣的官服补子图案就是"仙鹤"）。

那么，我们好奇的是："鹤的仙气到底是从何而来的？"

东汉以来，中国本土诞生的道教锁定了"鹤"这一吉祥物。鹤颜值在线，仙风道骨，能与神仙联系起来，故又称"仙鹤"。除了颜值，鹤的"长寿""高飞"这两个特性被道教加以引申：鹤既是仙人的坐骑，又是仙人的化身。

随着道家文化逐步渗透到敦煌石窟中，仙鹤这一形象也就频频出现在了壁画上。在敦煌画作中，仙鹤常与妙音鸟相伴嬉戏，体现了道家和佛家的和谐共处。

仙鹤有哪些吉祥的含义？

仙鹤作为道家吉瑞，是画师们的经典题材之一。丹顶鹤寿命可达50岁，为长寿之鸟，所以画师常把鹤与松树画在一起，寓意"松鹤延年"；把鹤与鹿和梧桐画在一起，就寓意"鹤鹿同（桐）春"——看来古人也是懂"谐音梗"的。

2《观无量寿经变》P105

野牛　莫高窟 249 窟　北披　西魏（临摹）

孟春 恩日

雨水 三候，草木萌动

"胡人纵猎走且射，野牛骇怒头角低。"
——《观史氏画马图》 宋 梅尧臣

狂奔的野牛

回到西魏时期开凿的莫高窟洞窟中，你会发现这里出现了各种动物形象，种类丰富，样貌写实，呈现前所未有的盎然生机。如莫高窟249窟的壁画中，在画面下方的山林里，有虎、羊、鹿、野猪、野牛等。画师们应该是把他们能看到的飞禽走兽都表现了出来。

画面中给人印象深刻的是这头受到惊吓的野牛，一边奋力奔逃，一边还紧张地回首眺望，形态非常生动和真实。

为什么这头野牛会如此惊慌失措呢？原来，这幅壁画表现的是狩猎场景：在这头野牛的背后，猎人正在纵马追逐，野牛当然会吓得奔逃，还不忘回头看看猎人到了哪里。

整个画稿就像一幅活灵活现的速写，是早期敦煌白描动物画的传神之作。敦煌画师以概括简练的线条，准确而生动地刻画出了野牛的形体和神态特征。

如何评价画师画牛的技法？

这位古代画师使用的是白描手法，用简练的线条勾出野牛的姿态，甚至连眼睛都未仔细描画出来。而中国绘画向来追求"气韵生动"，看似简单的线条，却巧妙地表现出了野牛的神韵。

3 狩猎图 P029

野猪　莫高窟 249 窟　北披　西魏（临摹）

孟春

慈日

雨水 三候，草木萌动

"鼠牙雀喙不可算，奈此野彘千百群。"
——《听山中谈虎赋二章》 元 黎廷瑞

野猪——习惯一家子整整齐齐出行

你肯定知道"家猪"称作"豕"，可你不一定知道"野猪"被称作"彘"。

考古发现，人类最早驯化野猪的地点就是在中国。我们的养猪史可以追溯到新石器时代早期，河北出土的猪骨距今大约 10000 年。有趣的是，中文的"家"字，就是由表示房屋的"宀"和猪的古称"豕"组成的。

野猪是令古人最头疼的祸害之一，因为在庄稼成熟将收未收之时，野猪就会成群结队地来偷吃。野猪是群居动物，出窝、觅食、回窝，都是集体行动。野猪昼伏夜出，因此古人在寒冷的秋天夜晚也要守在田舍，用各种方法来吓跑野猪。

在莫高窟 249 窟的壁画中，画师用白描手法表现了山林间的一群野猪（见左页），它们整整齐齐地在山林中前行。画面中，猪妈妈走在前面，背上鬃毛竖立，带着数只小猪从容地在山林中奔走，好像在寻找食物。身边的小猪迈着小短腿努力地小跑紧随其后，画面生动有趣。

为什么敦煌壁画中几乎看不到家猪的形象？

家猪在各种佛教故事中并没有留下浓墨重彩。而且家猪是以食用为主要目的的家畜，和敦煌所宣传的众生平等文化往往会有冲突（不过在敦煌民生场景的壁画中，也绘有屠夫卖肉的画面）。

斗鸡　莫高窟285窟　南壁　西魏

孟春

顺日

雨水 三候，草木萌动

"丹鸡被华采，双距如锋芒。"
——《斗鸡诗》东汉 刘桢

这对斗鸡，据说在屋檐上斗了一千多年

敦煌壁画包罗万象，其中包括我们生活中常见的鸡。不过绝大部分情况下，形象各异的鸡是混在众多背景图案中，只是起着点缀作用而已。

而莫高窟285窟《五百强盗成佛图》中的这幅斗鸡图，则作为画面的重要元素被呈现，一千多年来一直吸引着壁画参观者的视线。

说起来，这幅斗鸡图好像与壁画上正在发生的故事没有直接关系。但从构图上看，这两只斗鸡可以说是局部场景的视觉中心。画师精心构图，用斗鸡的激烈场景，烘托出了五百强盗与军队对峙的紧张气氛。

画师以土红色线条勾画出的这两只威风凛凛的雄鸡，伸着长脖子，昂着头，脖子和尾巴上的羽毛都夯起来，更是怒目圆睁，似乎正准备展开一场激烈的厮杀。

斗鸡自古就有吗？

斗鸡游戏起源于亚洲，中国是驯养斗鸡的古老国家之一。据考证，斗鸡之风在春秋时期较盛行，作为我国民间的娱乐活动，有近三千年的悠久历史。在民间有评选"中国四大斗鸡"的说法。

2 五百强盗成佛 P090

七宝池水　莫高窟 320 窟　主室北壁　盛唐（临摹）

孟春

忠日

雨水 三候，草木萌动

"鸳鸯相对鸂鶒舞，飞去黄鹂独无语。"
——《同张子望颜伯仪上关纳凉》宋 晁补之

大漠中隐藏着的水鸟王国

在观看敦煌壁画的时候，你会发现古代敦煌并非荒芜之地，壁画表现出了极为丰富多彩的自然景象。除了一些古人想象出来的神鸟（如朱雀、凤凰、青鸟、千秋长命鸟），现实中存在的大雁、鹦鹉、孔雀、天鹅、鸭子、鸂鶒等水鸟也随处可见。这些水鸟往往不是画面的主角，主要作为配角点缀主画面，起锦上添花的作用。

莫高窟 320 窟主室北壁的乐舞场景背后，就有这样一方莲池。莲池中休憩的水鸟，享受着在水中沐浴和被乐舞感染的双重欢乐。

即使敦煌以前是绿洲，也不会有这么多水鸟吧？

为什么敦煌壁画中会有这么多水鸟？壁画中的水鸟，一方面客观反映了当时敦煌的气候和环境特征——画师们极有可能见过这些水鸟；另一方面，敦煌壁画的大量场景是在未来世界的七宝莲池中展现的，既然有盛开的莲花，当然也需要各种水鸟生灵来烘托一下气氛。

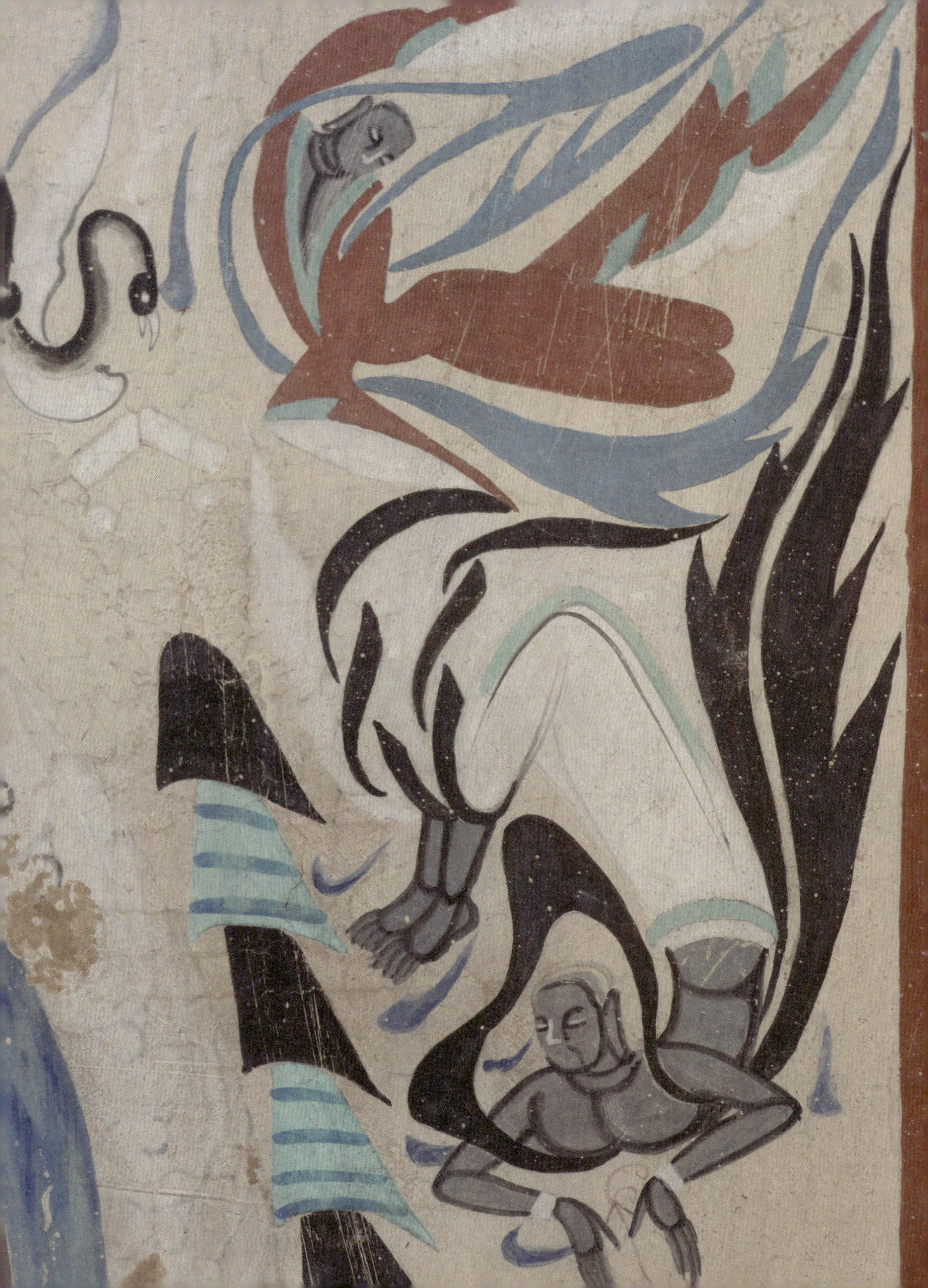

飞天乐舞

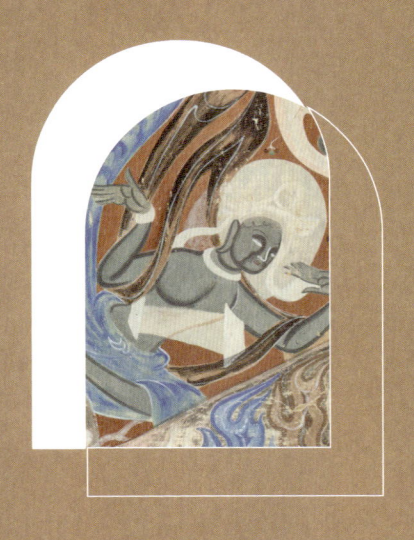

花朝

春到花朝花未多,
小梅才作玉婆娑。
——(宋)钱时《二月初游齐山呈仓使》

历代飞天 — 敦煌乐器 — 古代舞蹈

四飞天　莫高窟428窟　南壁　北周（临摹）

飞天乐舞

谈到敦煌，就不得不提到飞天。

对于大部分中国人而言，飞天便是敦煌之美的象征。

但少有人知道，飞天不算是敦煌艺术的主角，甚至原来也不是我们熟悉的这个模样。带着这个疑问去了解飞天的演变，顺带着也就厘清了敦煌艺术的大致发展脉络。

在这一章，你会看见敦煌飞天千余年间的发展脉络。"千年的敦煌石窟艺术史，几乎就是一部中国飞天发展演变史。"飞天几乎与洞窟创建同时出现，同步发展——从十六国开始，直到元代末期，历经十个朝代，历时千余年。

除了飞天，我们还可以了解西域乐器和舞蹈对中原的深远影响，虽然有些古代乐器和舞蹈已经失传，但通过敦煌壁画，我们仍然能够体会到千百年前的神韵所在。

双飞天　莫高窟321窟　西壁　初唐（临摹）

花朝元日

惊蛰　初候，桃始华

"外国呼神亦名为天。"
——《金光明经疏》　隋　吉藏

飞天在敦煌神界的地位

飞天，可以说是敦煌壁画中除了九色鹿之外最知名的形象。所以我们会认为飞天应该是敦煌莫高窟的主人公，但真实情况并非如此。

在莫高窟的壁画中，飞天往往出现在壁画的上方或角落，其职责是散花和奏乐，应该算"气氛组"或乐队伴奏这样的小角色，实在算不上高级别的神仙。

飞天不分男女，以香为食。虽然级别不高，但是胜在数量众多。有佛陀出现的场合，一定有飞天存在。《阿闼婆吠陀》中说，飞天有六千三百三十三个，每当天上举行佛会，便凌空飞行，抛撒鲜花，载歌载舞。

飞天，可以说是集合了人间美好善良品质而产生的形象。飞天仪态优美，一边轻歌曼舞，一边供香、撒花等，使壁画原本庄严肃穆的气氛一下变得轻松起来，理想的天国也就不那么遥远了。

作为佛界小角色的飞天，为什么会这么出名？

虽然不是敦煌壁画的主角，但作为敦煌演化出来的独特文化符号，飞天不似佛和菩萨庄严，反而让人感到亲切。对于画师而言，佛教世界中这些"无关紧要的小人物"往往才是他们大显身手的地方。飞天作为普通的天众，佛经中几乎没有对其做过具体描述，这反而使得画师有了极大的想象和创作空间。于是，敦煌画师们将自己最美好的想象和最精湛的绘画技法用到飞天的身上，经过历代不断创新，终究造就了这张敦煌艺术最为闪耀的名片。

羽人　莫高窟249窟　北披　西魏（临摹）

花朝 丙日

惊蛰 初候，桃始华

"从今去，任东西南北，作个飞仙。"
——《大圣乐》宋 陆游

飞天？飞仙？羽人？

古印度把空中飞行的天神称为"飞天"，多画在佛教石窟壁画中。

中国道教中则把羽化升天的神话人物称为"仙"，把能在空中飞行的天神称为"飞仙"。

佛教传入中国后，与中国的道教交流融合。在佛教初传入不久的魏晋南北朝时期，曾把壁画中的飞仙称为飞天，这时候的飞天、飞仙并无区分。

羽人，最早出现在《山海经》中，特指身长羽毛或披羽毛外衣能飞翔的人，是中国古代神话中的飞仙，与其他的仙人不同，身上有羽翼，往往耳朵很长。

随着佛教在中国的深入发展，飞天、飞仙、羽人形象在艺术上互相融合。从艺术形象上来讲，**敦煌飞天不是专属于某种特定文化的艺术形象，而是由这几种文化复合而成**。

所以说，飞天的故乡虽在古印度，但敦煌飞天却是印度文化、西域文化、中原文化共同孕育的。敦煌飞天是画师天才般的创作，也可以说是世界美术交流史上诞生的奇迹。

东方的飞天为什么没有翅膀？

有无翅膀，是西方和东方画师想象力的分野。 在西方壁画中常见的都是有翅膀的天使，而东方则认为翅膀并不是飞翔的必要条件，比如我们也有长耳朵的羽人这种形象，但这种形象最后被飞天取代。中国的飞天形象，更像是慢动作的定格，这种优雅曼妙刻画出了东方思维的唯美和浪漫。

披帛 P241

早期飞天　莫高窟249窟　北壁　西魏（临摹）

花朝
戊日
惊蛰　初候，桃始华

"真陀罗，古作紧那罗，间乐天，有微妙间响，能微妙音响，能作歌舞。男则马首人身，能歌；女则端正，能舞。次此天女，多与乾闼婆为妻也。"
——《音义》唐　慧琳

飞天是天龙八部的"合体"？

大名鼎鼎的敦煌飞天从何而来？关于这个问题，学者们争论不休。有人认为飞天是佛国世界的"天人"，而最为主流的说法认为飞天是"天龙八部"中香音神"乾闼婆"与天歌神"紧那罗"的合体。

简单来说，"乾闼婆＋紧那罗＝飞天"（乾闼婆为梵语音译，意译为乐神，由于周身散发香气，又叫香音神；紧那罗为梵语音译，意译为歌神）。

据说乾闼婆和紧那罗原来是古印度神话婆罗门教中的娱乐神和歌舞神。他们一个善歌，一个善舞，形影不离，是一对恩爱的夫妻。被佛教吸收后，成为天龙八部众神中的两位护法天神。

北凉三窟中就已经出现了敦煌壁画里最早的飞天形象。西魏的洞窟中，出现了持乐歌舞的飞天、擅长歌唱与奏乐的天人。隋代以后，乾闼婆和紧那罗已经混为一谈，无法分辨了。佛教从西域传入敦煌后，他们的形象就开始慢慢和中原人的样貌融为一体，最后化为后世的敦煌飞天。

为什么叫飞天？

飞天，顾名思义就是"飞在天上的神"。最早古印度把空中飞行的天神称为飞天，北魏时期，这一称呼随着飞天这一形象通过丝绸之路来到了敦煌，不断演化，深入人心。

变幻莫测乾闼婆 P169　伎乐天的前身——紧那罗 P173

撒花双飞天　莫高窟321窟　西壁　初唐（临摹）

花朝

庚日

惊蛰 初候，桃始华

"绿柳枝洒甘露三千界上，好似我散天花就纷落十方。"
——《天女散花》京剧 梅兰芳

散花的"天女"

"天女散花"，是我们熟悉的成语，最早出自佛经《维摩诘经》。而壁画中负责散花的天女，自然就是飞天啦。

每次佛讲经说法，飞天们便从空中撒下花朵，美丽的花雨由天而降，纷纷落向听法的诸弟子。散花飞天的整个画面，往往由飞天、飘带和花朵组成，色彩绚丽，生动地表现了佛国美妙的场景。光想想都会觉得十分美丽和震撼。

那么飞天散花这个职责是如何演变出来的呢？

飞天的前身之一为香音神。花既代表了香气，也代表着对佛的尊敬和供养。 据记载，飞天撒下来的分别是曼陀罗华、摩诃曼陀罗华、曼珠沙华、摩诃曼珠沙华（翻译过来就是白莲花、大白莲花、赤莲花、大赤莲花）。

而飞天散下的花也是具有特殊意义的，据说花会粘在没有听懂的弟子或菩萨身上。听起来是不是有点像课堂上的随机测试？

说到"以花供佛"，你还能想到什么？

有兴趣的读者可以查阅燃灯佛授记的故事，这就是成语"借花献佛"的来源。

伎乐飞天　莫高窟 249 窟　西壁　西魏（临摹）

花朝

壬日

惊蛰　初候，桃始华

"飘飖九霄外，下视望仙宫。"
——《杂歌谣辞》唐　韦渠牟

天国乐队担当

按职能分，除了散花飞天，飞天还有伎乐飞天和舞蹈飞天等。其中伎乐飞天手持各种乐器，从管弦到打击乐器，可谓无一不精。你不仅会看见眼花缭乱的乐器，还能看到形态各异的乐伎，敦煌壁画中抱着乐器的伎乐飞天约有600身，共同组成了规模不一的乐队，俨然是一个栩栩如生的音乐世界。

飞天的前身之一为乐神，对音乐舞蹈非常擅长，被佛教融合之后，自然开始担任在净土世界中唱歌起舞、奏响天乐的职责。

左图是莫高窟249窟西壁龛上正在击打腰鼓的伎乐飞天，他头上环绕圆光，戴印度式五珠宝冠，小字脸上白色的鼻梁、白色的眼睛，赤裸上身，腰间系着蓝色长裙，肩上披着的飘带呈大开口"U"字形，双腿柔软修长，从上往下飞来又横空向左飞去。四周香花飘落、彩云旋绕，衬托出飞天优美的舞姿。

敦煌壁画里的伎乐飞天有什么史学价值呢？

因为经历过太多战乱和动荡，历史上很多乐器现已失传。伎乐飞天虽是虚拟的，但手中的乐器大多是古人真实使用过的。研究人员通过研究敦煌壁画伎乐飞天手中的乐器，能为复原失传古乐器提供重要的参考资料。

群飞天　莫高窟329窟　主室西壁　初唐（临摹）

花朝 甲日

惊蛰 二候，仓庚鸣

"素女结念飞天行，白玉参差凤凰声。"
——《弄玉词》唐 鲍溶

飞天天团

敦煌壁画中，大部分的飞天不会形影相吊，总是三五成群地起舞纷飞。作为佛国世界里的气氛组，飞天担当的职责可不少——可谓技多不压身，不仅要熟练演奏各种乐器渲染气氛，还要在佛陀讲经说法的时候散花飘香，营造绚烂的视觉效果。

一身飞天自然不能达到如此完美的效果，作为天宫世界中的氛围营造者，飞天往往会集体出现，看似各司其职，其实相互配合。

下图中这五身飞天为当代画师所创作。飞天们集体出现，有的在散花，有的手持璎珞，有的则翩翩起舞，烘托出宏大热烈的欢快气氛。

群飞天为什么会吸引我们的目光？

在经变画中，飞天的主要职责是烘托气氛。虽然是敦煌壁画中的"群众演员"，但人数多了，不仅烘托出一种热烈的氛围，而且使画面的构图更加饱满，与安静的"主角"佛陀相映成趣，充满韵律感。有趣的是，西方有翅膀的天使，与东方的飞天一样，常常成群对称地盘旋在主尊神像的上方，与佛教的说法图布局很相似。

082 / 083

六臂飞天　莫高窟 148 窟　南壁　盛唐（临摹）

花朝 乙日

惊蛰 二候·仓庚鸣

"三头六臂擎天地，忿怒那吒扑帝钟。"
——〔句〕宋 释善昭

一个人的乐队

敦煌壁画中，飞天形象之多样与精美，常令人赞叹不已。相较于双臂飞天，六臂飞天极为罕见，仅此一例，因此显得尤为珍贵，独具匠心。

该六臂飞天位于敦煌莫高窟 148 窟南壁龛内，代表了佛教密宗艺术的巅峰。其造型精致绝伦，头戴月牙珠冠，珠光闪烁，散发出神圣的气息。面部圆润饱满，笑容亲切而庄重。胸前的璎珞与轻盈飘舞的长带交相辉映，彰显出其飘逸与灵动之美。

六臂飞天象征着非凡的能力与多才多艺。其前双臂优雅地弹奏琵琶，悠扬的旋律似乎穿越千年，依旧在耳畔回荡。中间一只手持横笛，另一只手摇曳铎铃，清脆的铃声仿佛在诉说古老的神话。后双臂高举击打铙钹，铿锵有力的节奏使整个画面充满活力与韵律。六条手臂仿佛是其艺术天赋的延伸，一人即可演绎出整支乐队的华章，真正体现了才华横溢。

六臂飞天的手里拿了几样乐器？

虽然是基于想象的创作，但画师也考虑到了现实中的细节。比如琵琶、铙的演奏就是需要用双手来完成的，所以六臂飞天的手中共有四件乐器。

裸体飞天　莫高窟 285 窟　主室南壁　西魏（临摹）

花朝

惊蛰　二候，仓庚鸣

"懒摇白羽扇，裸袒青林中。"
——《夏日山中》唐　李白

裸体飞天

我们都知道，中国传统绘画较为内敛、谦和，几乎没有涉及裸体。而敦煌涉及宗教艺术，似乎更不可能有这种创作。然而就在莫高窟 285 窟的严肃场景中，竟然隐藏着两位极其特殊的"裸体飞天"。

和彩带飘逸、璎珞满身的飞天不同，这两位飞天身体全裸，体姿修长，线条圆滑。不过因为保留了孩童的发型，所以不会让人觉得性感，反而有几分可爱。

这幅《释迦多宝并坐说法图》是敦煌石窟出现最早、持续时间最长的壁画题材之一。在如此严肃的说法场景里，两位婀娜多姿的裸体飞天的"乱入"，有点介于现实与理想之间的味道。

这两位裸体飞天，有着鸭蛋形的脸蛋，双手捧花，抬头挺胸，双腿后扬呈"U"字形，从上而下。长带飘曳，体态轻盈，展现出动人的艺术形象。

敦煌壁画里的裸体飞天，究竟从何而来？

有学者考证，裸体飞天应该源自印度，是经过西域传入敦煌的外来文化。也有学者认为，这两身裸体飞天刚从莲花中化生出来，因此以男童的形象出现。西方有带翅膀的裸体丘比特，中国有不带翅膀的裸体飞天，两者可谓异曲同工。

2 二佛并坐图 P059

北魏　莫高窟249窟

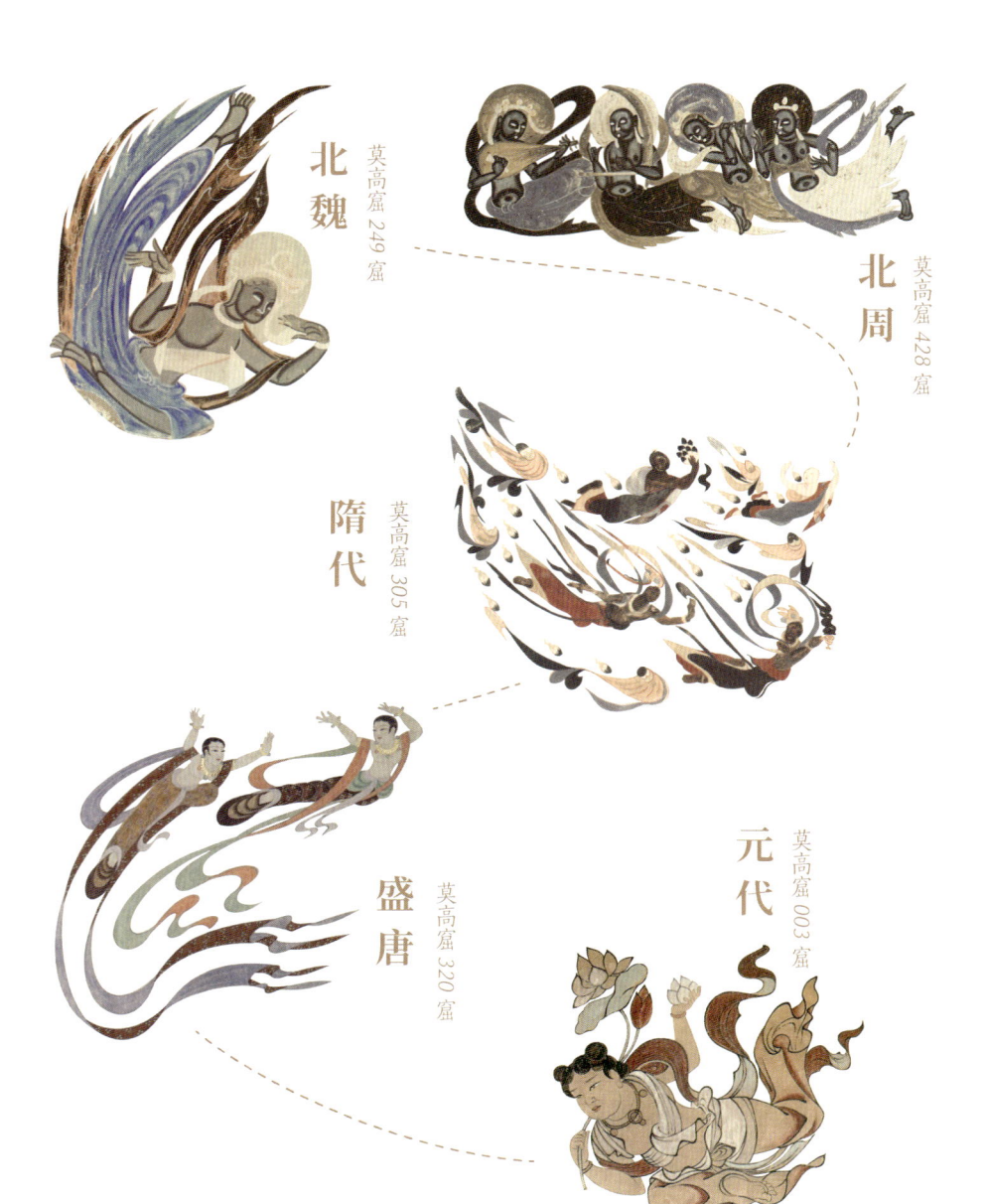

北周　莫高窟428窟

隋代　莫高窟305窟

盛唐　莫高窟320窟

元代　莫高窟003窟

花朝 己日

惊蛰 二候，仓庚鸣

"飞天并未随着时代的过去而灭亡。她们仍然活着，在新的歌舞中、壁画中、工艺中（商标、广告），到处都有飞天的形象。应该说她们已从天国降落到人间，将永远活在人们心中，不断地给人们以启迪和美的享受。"

——《飞天在人间》当代 段文杰

六朝飞天

如果给不同时代的敦煌飞天各自拍张照片，你会发现它们竟然各不相同。根据形象、特征，大致可以分为六个朝代（四个时期）。

一、萌发时期——十六国南北朝

莫高窟初建，飞天从西域传入敦煌，早期的敦煌飞天还处于模仿的萌芽阶段。"西域飞天"大都是男性角色，基本光着上身、穿着长裙或者长裤。

二、创意时期——北周、隋代

这一时期敦煌飞天开始以"瘦骨清像"的中原风格为主，生动活泼，富有活力。

三、鼎盛时期——唐、五代

今天广为人知的敦煌飞天形象绝大部分正是来自唐代这一鼎盛时期。飞天不仅演变为女性，而且是中国的、漂亮的、轻盈的，具有舞蹈感。这一时期的飞天，可谓百花齐放，灵动飘逸。

四、衰落时期——宋、元

由于缺少创新，敦煌飞天自此开始变得程式化，多使用模板、粉本进行刻画，很少出现精美的飞天形象。

历代飞天的形象为什么会不一样？

艺术，不能独立于时代。在历史长河中，艺术伴随着时代的变化而变化。中西文化的交流和融合、朝代的更替、经济的发展繁荣，都会影响画师笔下飞天的姿态意境、风格情趣。

十六国　　　　南北朝　　　　隋代

DUN HUANG　　DUN HUANG　　DUN HUANG

历代飞天风格不同，你能看出来区别吗？

唐代　　　宋代　　　元代

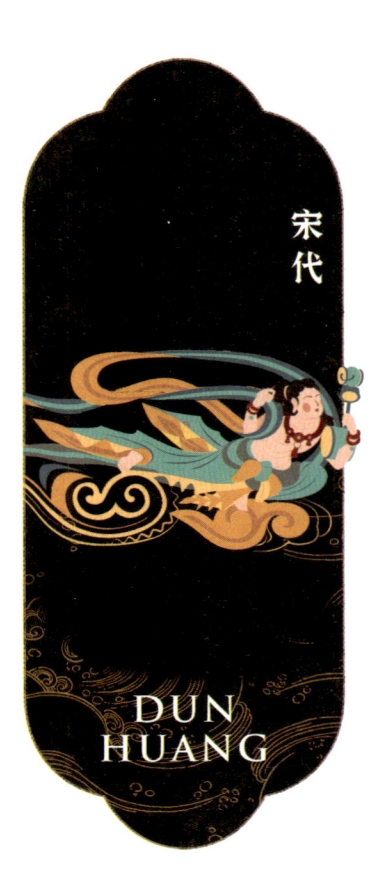

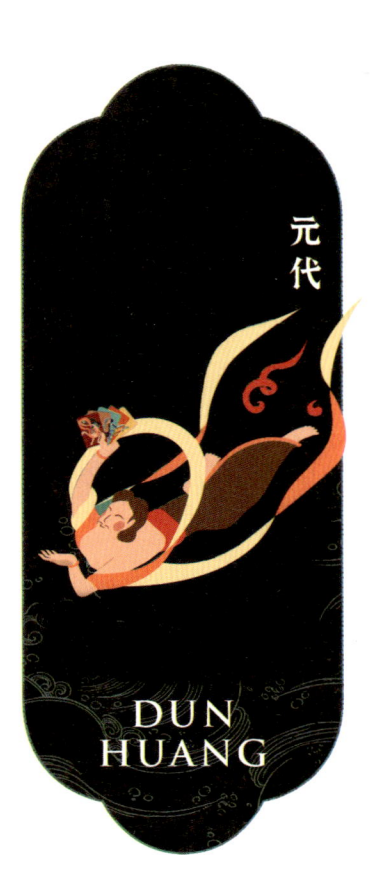

DUN HUANG　　DUN HUANG　　DUN HUANG

西域飞天　莫高窟 254 窟　北壁　北魏（临摹）

花朝 辛日

惊蛰 二候，仓庚鸣

"石桥南道有景兴尼寺，亦阉官等所共立也。有金像辇，去地三丈，施宝盖，四面垂金铃七宝珠，飞天伎乐，望之云表。" ——《洛阳伽蓝记》北朝 杨衔之

飞天新形象的诞生

最早出现明确记载"飞天"一词，是在北朝时期的《洛阳伽蓝记》。

莫高窟初建时，飞天这一形象从西域传入敦煌。这时候的敦煌画师尚不熟悉佛教题材和外来艺术，处于完全的临摹和仿制阶段，用的主要是从西域传来的"凹凸晕染法"，运笔豪放，所以显得粗犷朴拙。

你会看到，此时期的敦煌飞天大体上是"西域式飞天"的典型形象：头有圆光，戴印度五珠宝冠，脸型椭圆，上体半裸，腰缠长裙，肩披大巾。

此时的飞天的两大特点：一是身体多呈"U"形，双脚上翘，有凌空飞行的姿势——这种飞行的姿势显得十分笨拙生硬（还保留了古印度而来的石雕飞天姿态的遗迹）；二是由于晕染技法的变色，飞天多为白鼻梁、白眼珠，为典型"小字脸"，这与西域龟兹等石窟中的飞天，在造型、面容、绘画技艺上都十分相似。

最具有北魏风格的飞天之一，是画在254窟北壁的《尸毗王本生》故事画上方的两身飞天：头有圆光，戴印度式五珠宝冠，上体半裸，体态呈大开口"U"字形。飞天的飞势动态有力，姿势自如豪放。

早期的飞天形象的特征有哪些？

早期飞天的两大典型特征："U"形和"小字脸"。除此之外，早期北凉、北魏、西魏时期的敦煌飞天大都是男性角色，基本为赤裸上身、穿着长裙或者长裤的形象。

2 天竺遗法 P231

群飞天 莫高窟305窟 东披 隋代（临摹）

花朝
官日
惊蛰 三候，鹰化为鸠

"天花乱坠满虚空。"
——《心地观经 · 序品》

最具创新性的飞天

　　一提到飞天，我们往往想起唐代，但最具创新性的飞天，其实诞生在隋代。虽然隋代在历史长河中只存在了短短三十七年，然而隋代却是莫高窟绘画飞天最多、最具创新精神的时代，也是莫高窟飞天种类最多、姿态最丰富的时代。

　　从西魏到隋代，在敦煌开始出现两种不同风格的飞天，一种是"西域式飞天"，另一种是"中原式飞天"。在这个阶段，西域式飞天最大的变化是：作为香音神的乾闼婆和作为歌舞神的紧那罗竟然合体成了飞天（也叫散花飞天或伎乐飞天）。

　　不仅如此，当时的瓜州刺史从洛阳带来了中原艺术，因此在莫高窟里创造出一种中原式飞天（这是道教飞仙与印度教飞天融合的结果）。这种依据"瘦骨清像"的中原风格所创造出来的中原飞天，显得生动活泼、富有活力。

　　壁画中的隋代飞天们，有的头戴宝冠，上体半裸，项饰璎珞，腰系长裙，肩绕彩带，还带有西域飞天服饰的遗风，肤色虽已变黑，形象仍十分清晰；有的手持莲花，有的扬手散花，朝着一个方向绕窟飞翔。姿态多样，体态轻盈，飘曳的长裙和飞舞的彩带迎风舒卷。四周流云飘飞，落花飞旋，动感强烈，显得生机满满。

隋代飞天具体在哪些地方做出了创新？

　　整个隋代都在交流、融合、探索、创新，隋代飞天在这些方面实现了大胆突破：脸型方面既有丰圆型，也有清秀型；身材方面既有健壮型，也有修长型；服饰方面既有上身半裸的，也有穿宽袖长裙的；飞行姿态方面既有向上飞的也有向下飞的，既有顺风横飞的也有逆风横飞的，既有单飞的也有群飞的，飞行的姿态已不呈生硬的"U"形，真的做到了恣意潇洒——"想怎么飞就怎么飞"。

3 隋及盛唐时期的敦煌艺术 P011

飞天　莫高窟320窟　南壁　盛唐（临摹）

花朝 癸日

惊蛰 三候，鹰化为鸠

"素手把芙蓉，虚步蹑太清。霓裳曳广带，飘拂升天行。"
——《古风》唐 李白

鼎盛时期的飞天

唐代之前的数百年间，敦煌飞天历经中外的互相交流、吸收和融合，完成了自己的中国化历程。到了唐代，敦煌飞天就步入了成熟时期，达到了完美的阶段。

整个唐代近三百年间，可谓敦煌飞天发展的鼎盛时期。

这时期的敦煌飞天已不再是印度、西域的那种陌生面貌，而是完完全全中国化的飞天。唐代是莫高窟中大型经变画绘制得最多的朝代，窟内的四壁几乎都被大型经变画占领，飞天们或飞绕在佛的身边，或飞舞在极乐世界的上空，或散花，或歌舞，或礼赞，渲染出无比欢乐的气氛。

莫高窟中最具有唐代前期风格特点的飞天，可以说是初唐321窟的双飞天和盛唐320窟中的四飞天。

同是唐代飞天，会有什么不同吗？

艺术风格最能体现每个时代的政治、经济、社会形态特征。敦煌石窟的唐代艺术，也可以划分为前后两个时期：初盛唐为前期，即唐王朝直接统治敦煌地区的时期；中晚唐为后期，即吐蕃占领和归义军时期。对比之下，可以看出唐代前期的飞天更具生命力，具有豪迈有力、自由奔放的奇姿异态，展现出变化无穷的飞动之美。

3 隋及盛唐时期的敦煌艺术 P011

箜篌　莫高窟 112 窟　南壁　中唐（临摹）

花朝政日

惊蛰 三候，鹰化为鸠

"十四学裁衣，十五弹箜篌，十六诵诗书。"
——《孔雀东南飞》汉 乐府民歌

已经失传的古代乐器

作为古老的弦鸣乐器，箜篌有着两千多年的历史，在汉代成为大众乐器，到隋唐时期更是十分流行。

根据不同的形态，箜篌可分为卧箜篌、凤首箜篌和竖箜篌。

其中卧箜篌产生时间最早，出现于春秋时期的楚国。凤首箜篌则是从印度传入中国的（因琴头以凤首作为装饰而得名）。敦煌壁画上的箜篌多为竖箜篌（也叫胡箜篌），东汉时从西域传入中原，据说由猎弓演变而来，在外形上也与猎弓有很多相似之处。

在莫高窟112窟、172窟、220窟、420窟的壁画中都能发现箜篌的身影。值得注意的是，敦煌壁画中竖箜篌的琴干下端会有一个"小尾巴"。这是基于便捷性的设计。当弹奏者坐立弹奏竖箜篌时，"小尾巴"能够起到支撑的作用；当弹奏者边行走边弹奏的时候，这个"小尾巴"可以插进弹奏者的腰带中，起到辅助固定的作用。

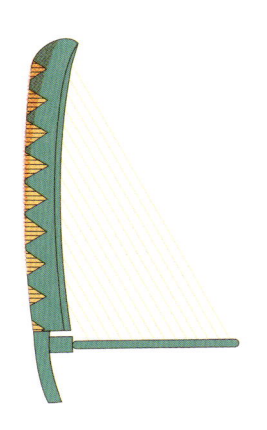

箜篌真的失传了吗？

隋唐以后，箜篌在中国就渐渐销声匿迹，卧箜篌在宋代失传，凤首箜篌也在明代失传，这是一件非常让人遗憾的事。现代的箜篌和古代的箜篌实际上并不是同一种乐器，而是结合了西方的竖琴和中国的古筝、琵琶等产生的新式民族乐器。

方响　莫高窟 220 窟　主室北壁　初唐　临摹

| 花朝 | 尧日 |
| 惊蛰 三候，鹰化为鸠 |

"长短参差十六片，敲击宫商无不遍。"
——《方响歌》唐 牛殳

编钟的近亲

方响，起源于南北朝时期的梁代，一般由大约 16 块铁片或玉片悬吊排列构成，乐师们手持木槌进行击打演奏。这些板片虽形态一致，厚度却各有差异，从而在被敲击时展现出各自的音色。方响与我们所熟知的编钟在演奏原理上有着异曲同工之妙。唐宋时期的诗文对它的演奏技艺进行了诸多描绘，可见其在那个时代风行一时。这种乐器通常用于宫廷乐队的演奏，民间鲜少应用。然而，宋元之后，方响的使用逐渐减少，甚至一度消失无踪。

在敦煌莫高窟 220 窟的《药师经变》壁画下方，描绘有一幅二十八人的乐队图，乐队分列左右，乐工们或裸露上身，或斜披天衣，肤色、发型各具特色，他们演奏着从中原及西域传入的各式打击、吹奏、弹拨乐器。细观可见，右侧乐队最左侧的女子所敲击的乐器，正是方响。

方响与编钟有什么异同？

两者在形制上有所相似，均为置于木架上的金属打击乐器，通过敲击来发声，但编钟由众多大小不一的钟构成，而方响则由多块金属板组合而成。编钟起源于西周，鼎盛于春秋战国时期，随后逐步式微，终被方响取代。而方响自身在宋元时期亦逐步走向了衰落并失传，新中国成立后，人们正是根据敦煌壁画中的记载才对这一乐器做了复原。

鼗鼓　莫高窟112窟　南壁　中唐（临摹）

花朝帝日

惊蛰 三候，鹰化为鸠

"鲁壁峥碑远莫睹，艰哉河流讯鼗鼓。"
——《谢新胯口监征赵立之》宋 程公许

拨浪鼓的加强版

相传，鼗鼓之响，犹如雷霆万钧，乃是黄帝亲手打造，用以征讨蚩尤的神器。观其形态，柄长易持，鼓身小巧，两侧配有对称小耳，手握长柄摇曳间，双耳便轻敲鼓面，发出悦耳之音。由此可知，鼗鼓便是我们熟悉的"拨浪鼓"。令人惊讶的是，这个童年玩具，竟然在数千年前便已问世。

然而，鼗鼓与我们常见的拨浪鼓有所区别，依据鼓数之多少，其形态可分为数种：一鼓者为"单鼗"，双鼓者称"双鼗"或"路鼗"，三鼓者为"灵鼗"，四鼓者则称为"雷鼗"。鼗鼓通常由二三小鼓交错重叠而成，单手轻摇即可出声，常见于大型乐队之中。

鼗鼓因小巧便携，拥有大型乐器所不具备的优势，故而成为单人演奏多种乐器的优选。在敦煌壁画中，鼗鼓常常与鸡娄鼓相伴而生。左图中那位乐师一手演奏鼗鼓，另一臂弯则夹持着鸡娄鼓（其形如大瓦罐，中部有环，乐师常以绶带穿过圆环，系于腋下）。

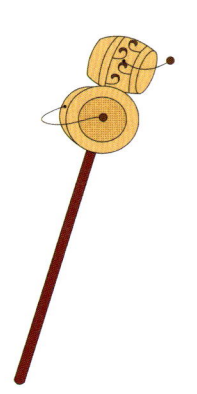

拨浪鼓如何能作为乐器使用？

今天的拨浪鼓发出的声音都是"噼里啪啦"的混乱节奏，难登大雅之堂。那古人是如何灵活运用的呢？古人主要把鼗鼓当作应和的辅助乐器，配合其他乐器进行演奏。

腰鼓　莫高窟 220 窟　北壁　初唐（临摹）

花朝

春分 初候，玄鸟至

"清歌一曲梁尘起，腰鼓百面春雷发。"
——《对酒怀丹阳成都故人》 宋 陆游

不光是乐器，也是舞具

　　腰鼓，源自西域的打击乐器，在我国流传甚广，历代音乐舞台上都可见其身影，深受人们喜爱，其发展历程亦颇为可观。

　　这种乐器构造简洁，主要由鼓身与鼓面构成，其最为显著的特征便是细窄的腰身，这便是它名称的由来。

　　腰鼓常以一带子悬挂于肩，悬垂于腰际，演奏者得以双手自由演奏。在众多乐器组成的乐队中，腰鼓往往担当领奏的重任，位于前排，有时甚至整排均为腰鼓，展现出一种雄壮的气势。

　　腰鼓不仅造型优雅，击打起来富有节奏感，能够渲染气氛，还可作为舞蹈的道具，为舞者增添了几分韵律。在莫高窟220窟中，乐队前列的这几位肤色各异的乐师，正在用力敲击着腰鼓，形象生动。

和其他乐器相比，腰鼓的演奏方式有什么独特之处？

　　腰鼓的演奏方式比较自由，既可以直接用手拍击，也可以使用鼓槌敲击；腰鼓便于携带，演奏者既可以坐在地上，将腰鼓放置在身前演奏，也可以系在腰间演奏。

边跳舞边敲腰鼓的"胖端倪" P131

笛箫 榆林窟 025窟 南壁 中唐（临摹）

花朝明日

春分　初候，玄鸟至

"南山截竹为觱篥，此乐本自龟兹出。"
——《听安万善吹觱篥歌》唐 李颀

不是箫，也不是笛

　　壁画之中这个长长的乐器，可不是笛子，其名唤作"筚篥"（源自古龟兹语音译，在不同历史时期有不同的称呼；民间俗称"管子"）。相传，早在西汉时期，管子便在新疆地区广为流传，被誉为"众乐之首"。

　　起初，筚篥作为龟兹牧人的乐器，以羊骨、羊角、牛角、鸟骨为材料，后逐渐演变为竹制。隋唐时期，胡乐盛行，以龟兹乐为核心，筚篥在其中不可或缺。此外，在天竺乐、疏勒乐、安国乐、高昌乐中，筚篥亦是常见之器。

　　《旧唐书·音乐志二》中记载："觱篥，本名悲篥，出于胡中，其声悲。"与笛子相异，筚篥为竖吹簧管乐器，音色苍劲而独特，具有浑厚、悠远、嘹亮的特质，能营造出别具一格的古韵与氛围。

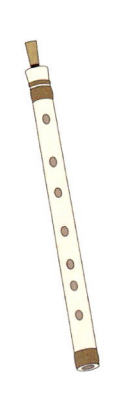

名字复杂的筚篥源自哪里？

　　据说筚篥起源于古代波斯，在汉魏时代由西域龟兹传入内地，至唐代已盛行于中原，成为唐代宫廷十部乐中的主要乐器。筚篥的名字也是经由西域龟兹文音译而来。在古代文献资料中，类似的竹管乐器还有篴、筚篥、筦、籥、筊、箎、笙、筎等。

手鼓　莫高窟 220 窟　主室北壁　初唐（临摹）

花朝

正日

春分 初候，玄鸟至

"答腊鼓，制广于羯鼓而短，以指揩之，其声甚震，俗谓揩鼓。"
——《古今乐录》

敦煌壁画里的手鼓

在莫高窟 220 窟的壁画中，一幅乐师右手持鼓，左手手指轻揩鼓面的画面跃然壁上。

答腊鼓，是古代龟兹与疏勒地区独具特色的打击乐器。其外观颇似现代西洋乐器中的小军鼓，呈现为圆筒而略扁的形态，由鼓身、鼓面及鼓绳三大部件共同构成。鼓绳交织成网格，稳固地维系着鼓身与鼓面的结合。演奏时，鼓面朝上，平行置于胸前，演奏者以手指轻拭或敲击鼓面，动作类似于如今的手鼓演奏，且仅敲击单面。答腊鼓发出的声音清脆而音调高亢，金属质感浓厚的音色具备极强的穿透力。

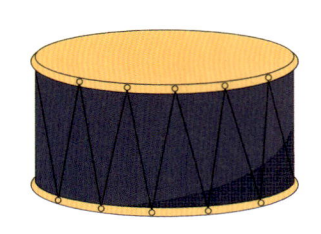

答腊鼓的名字从何而来？

和很多外来乐器一样，答腊鼓的名字是从其他语言音译而来——来自印度（但和今天印度的答腊鼓形态已不相同）。答腊鼓从魏晋南北朝时期就传入中国，到了隋唐时期逐渐成为乐队中的常见乐器。

琵琶　莫高窟 112 窟　南壁　中唐（临摹）

花朝学日

春分 初候，玄鸟至

"葡萄美酒夜光杯，欲饮琵琶马上催。"
——《凉州词》唐 王翰

出镜率最高的乐器

琵琶，无疑是西域最负盛名的乐器之一。在那个时代，游牧民族常在马背上弹拨琵琶，展现出一种无拘无束的豪迈，令人心生向往。南北朝时期，琵琶由西域传入中原，很快便赢得了人们的青睐，无论是皇室贵胄还是平民百姓，都为琵琶那迷人的音色所倾倒。

这份对琵琶的喜爱，历经千年，始终未曾衰减。至今，琵琶依旧是中国传统乐器中的璀璨明星。"琵琶"这两个字最早出现于汉代（那时的"琵琶"概念较为宽泛），直到唐代，这种半梨形乐器才被正式定名为"琵琶"。

琵琶自西域传入中原之后，在抱持姿势、品相、形制等方面都经历了变革。敦煌莫高窟中的壁画，记录了这一传奇乐器的演变轨迹，让后世得以窥见其辉煌的历史。中唐时期莫高窟 112 窟南壁上的壁画，就描绘了一位横持琵琶弹奏的乐伎，是敦煌壁画中众多琵琶演奏者中的一员。

"琵琶"这两个字究竟从何而来呢？

人们会误认为，琵琶是因为造型和枇杷叶类似而得名，因为发音相同，字形也颇有几分相似。但有专家认为，琵琶这两个字分别代表了两种不同的弹奏手法，"琵"是指向前弹出的动作，"琶"则是指往后弹进的动作。这一乐器正是因为融合了这两种弹奏手法而得名。

反弹琵琶不遮面 P133

笛子　榆林窟 025 窟　南壁　中唐（临摹）

花朝 平日

春分 初候，玄鸟至

"羌笛何须怨杨柳，春风不度玉门关。"
——《凉州词》唐 王之涣

横竖都能吹的笛子

笛子在敦煌壁画中占据了不可或缺的地位，其身影遍布自北凉至宋元时期的壁画之中。在古代，笛子被称作"篴"，在人们的观念中，它不仅是一件高雅的乐器，更带有神圣的色彩。《乐书》中便有记载："笛之涤也，可以涤荡邪气，出扬正声。"由此可见，笛子在古人心中具有清除邪恶、弘扬正气的象征意义。

细观壁画中的笛子，可分为横笛与竖笛两种，它们外观相近，在宏大的乐舞图中往往成双成对地出现。横笛作为最常见的吹奏乐器，在莫高窟壁画中便绘有超过 500 支。

自秦汉时期起，笛子是笛和箫的统称，直至唐代，两者的区别才被明确划分：竖吹的称为"箫"，横吹的则名为"笛"。值得一提的是，尺八便是笛子在唐代以竖吹方式传入日本，逐渐演化而成的乐器。

你知道笛子最早出现在什么时候吗？

笛子，是迄今为止发现的最古老的汉族乐器，可以追溯到新石器时代；那时先辈们用飞禽的胫骨钻孔吹奏，为骨笛。黄帝期间，古人开始以竹子为材料制作笛子。

不鼓自鸣　莫高窟061窟　主室南壁　五代（临摹）

会自己演奏的神奇乐器

敦煌壁画之中，隐匿着一幅别开生面的演奏画卷：乐器无需人之手，便能自发演奏，于空中起舞。这便是令人叹为观止的"不鼓自鸣"，宛若壁画之中传来的"天籁之音"。

这些能够自鸣的乐器，种类繁多、工艺精湛、栩栩如生，其组合形式亦千变万化。每一件参与不鼓自鸣的乐器，仿佛都拥有了生命，随着飘舞的丝带，时而上升，时而下降，时而盘旋，时而悬浮，宛如具有了灵性。

"不鼓自鸣"的奇观，通常描绘于佛龛内外及经变画的上端。在一幅不鼓自鸣的画卷中，常见十几件乐器并列。由于画面背景多位于辽阔的天空，视角宽广，对乐器展示的遮挡较少，因此对于今天的人们探究古代乐器的形态演变及历史，具有至关重要的价值。

花朝
保日

春分 二候，雷乃发声

"百千天乐，不鼓自鸣。"
——《法华经》

"不鼓自鸣"的创作灵感来自哪里？

"不鼓自鸣"是画师依据佛经文字创造的，表现了西方净土极乐世界中欢乐自由的情景。这些乐器的创作灵感有很大可能来自敦煌飞天。就像飞天一样，每件乐器上都系着丝带悬浮在空中。

笙　莫高窟220窟　主室北壁　初唐（临摹）

花朝至日

春分 二候，雷乃发声

"怅望银河吹玉笙，楼寒院冷接平明。"
——《银河吹笙》 唐 李商隐

口琴的鼻祖

笙，这一我国历史悠久的吹奏类簧管乐器，其外观颇似成语"滥竽充数"中的"竽"，但事实上，二者在起源和构造上有着本质的不同。

笙，不仅是中国传统音乐文化中的瑰宝，更是全球音乐史上的一项重要发明。它被誉为全球最早运用自由簧片的乐器，其原理与现代口琴相似，因此，笙也被尊称为口琴的鼻祖。这种乐器的神奇之处在于它能够演奏和声，无论是吹气还是吸气，都能发出美妙的音符，其音质纯净而明亮，令人陶醉。

早在商周时期，笙就已经出现在了中国的音乐舞台上。在莫高窟的壁画中，自北魏时期起便有对笙的描绘，直至宋、元。可以看出来，笙的基本构造保持了惊人的稳定性。敦煌壁画中的笙与今日所见之笙在基本构造上并无太大差异，这说明了笙的结构设计之精妙和实用性之高。

笙音色独特，能够演奏出丰富多彩的音乐效果，因此在中国传统民乐中扮演着重要的角色。

笙和竽有什么不同？

笙和竽在古代很长一段时间是共存的，形制相似，也常互相配合演奏。从外形对比来看，笙的形制较小、簧少，而竽的形制较大、簧多。

阮　莫高窟 220 窟　主室北壁　初唐（临摹）

花朝

神日

春分 二候，雷乃发声

"掩抑复凄清，非琴不是筝。"
——《和令狐仆射小饮听阮咸》 唐　白居易

琵琶的老前辈

阮咸（简称阮），其外形与琵琶略有几分神似，实则承载着更为悠久的历史底蕴（阮咸亦被称作秦琵琶或汉琵琶），其显著特征在于圆盘状的共鸣箱与笔直的柄部。相传，当年王昭君出塞时所弹奏的，便是此类形似阮咸的乐器，而非琵琶。

自西晋之后，西域传入了一种名为巴尔巴特琴的变种——曲项琵琶（其共鸣箱呈梨形，柄部弯曲），这一乐器才是后世所言的"琵琶"。

时至今日，阮咸已不专指某一种乐器，而成为一类乐器的统称，涵盖小阮、中阮、大阮、高音阮及低音阮等。尽管这些阮咸在体积上大小有别，但音质各异，一旦组合，便能构成一支风格独特的阮咸乐队。

阮咸的名字是怎么来的？

阮咸本人是历史上有名的"竹林七贤"之一，有极高的音乐天赋，他用心地钻研音律，成了西晋有名的音乐家。唐代时，有人在古墓中发现了这件乐器，相传是阮咸发明的，于是用他的名字为该乐器命了名。

出镜率最高的乐器 P111

古筝 莫高窟 220 窟 主室北壁 初唐（临摹）

花朝圣日

春分 二候，雷乃发声

"独坐幽篁里，弹琴复长啸。"
——《竹里馆》唐　王维

四艺之首

　　弹拨古琴，历来为士大夫阶层所推崇，琴位居四艺之首。"高山流水""阳春白雪"等寓意深刻的成语，皆与古琴艺术息息相关。

　　古琴，亦称七弦琴，其历史悠久，最早可追溯至尧舜时期，在周朝达到鼎盛，至今已传承数千载，被誉为我国最古老的弦乐器。

　　最初，古琴仅有五弦，分别象征"宫商角羽徵"五音，以及"土金木火水"五行，相传为舜帝所创制。至周朝，周文王和周武王各增一弦，名为文、武二弦，即少宫和少商。三国时期，古琴"七弦十三徽"的形制基本定型，并沿用至今。

　　通常，古琴上方均匀分布的十三个圆点即为十三徽，配合七根弦，构成其独特的音律系统。琴身左侧窄，右侧宽，造型优雅。然而，在敦煌壁画中，因为时间久远磨损严重，古琴多以黑色矩形物体的形象呈现，其弦、徽等特征往往不易辨识。

为什么叫古琴？

　　其实在我国古代，一般直接称"琴"。直到近代西方的钢琴传入我国，人们为了便于区分，才将中国传统的琴改称作"古琴"。

排箫 莫高窟 231 窟 北壁 中唐（临摹）

花朝與日

春分 二候，雷乃发声

"客有吹洞箫者，倚歌而和之。其声呜呜然，如怨如慕，如泣如诉，余音袅袅，不绝如缕。"

——《前赤壁赋》宋 苏轼

天籁之声

排箫，这种古老的乐器拥有着悠久的历史。它的外观简单而独特，由一系列长短不一的竹管紧密地捆绑在一起，形成了一种独特的管乐器。这些竹管，经过精心挑选和处理，每一个都能发出一个独特的音符。乐师们通过巧妙地运用口型和气息，吹奏出悠扬的旋律，仿佛是大自然的声音在人间回响。

在南北朝、隋、唐等历史时期，排箫在宫廷雅乐中占据了举足轻重的地位。它不仅是音乐表演的重要组成部分，更是宫廷礼仪和祭祀活动中不可或缺的元素。盛唐时期，中国的排箫艺术东传日本，成为两国文化交流的见证。至今，在日本奈良东大寺的正仓院中，仍然珍藏着两支中国唐代的排箫遗器，见证着中日两国的友好往来。

在敦煌壁画中，排箫的形象多样而丰富。壁画中的排箫，管身粗细、长短、竹管数目以及色彩花纹各不相同，展现了古代工匠的匠心独运和对美的追求。

排箫的最大魅力在于其明晰的穿透力。当人们凝视着敦煌壁画中那些手持排箫的人物时，仿佛能够穿越时空，听见那悠扬的乐声从壁画中飘出，回荡在耳边。

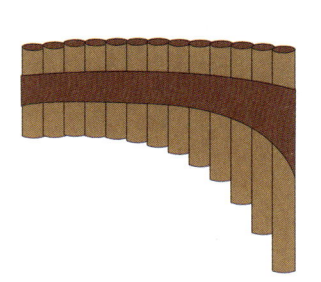

最早的排箫出现在何时？

迄今为止发现的世界上最早的排箫为西周初期所制，已经有3000年历史。它是由十三根长度递减的禽类腿骨制成。

弯琴　榆林窟 025 窟　主室南壁　中唐（临摹）

花朝道日

春分　三候，始电

"余音绕梁，三日不绝。"
——《列子·汤问》

现实中不存在的乐器

在当今时代，这种乐器已是罕见之物。它的外形酷似弯弓的琵琶，然而仅有一根弦线，人们称之为"弯琴"。

这乐器实在令人困惑，专家们普遍推测，它不过是古代画师依据古籍所绘，是一种对理想中佛音的虚构想象。其结构并不遵循发声的物理法则，因此无法真正演奏。尽管如此，弯琴却似乎在现实世界的礼乐之"和"与佛国仙境之间架起了一座桥梁。

在敦煌壁画之中，弹奏弯琴的乐师除了伎乐菩萨，还有左页中的这只共命鸟。

为何弯琴会出现在壁画之中？

日本的音乐史学者认为，此类乐器曾在宫廷的礼乐中昙花一现，未能在民间普及便已消失。而晚唐时期敦煌画师们在创作洞窟壁画时，基于历史记录，用想象力塑造出了兼具琵琶之形与箜篌之韵的梨形弯颈抱弹乐器形象。

"共命鸟"的悲伤故事 P009

埙　莫高窟220窟　主室南壁　初唐（临摹）

花朝

恩日

春分 三候，始屯

"恩义同钟李，埙篪实弟兄。"
——《寄内兄和州崔员外十二韵》唐　杜牧

埙的前身

埙，作为华夏民族的正统乐器，被誉为我国最古老的吹奏乐器之一，通常采用陶土精心烧制。考古发现，它的历史可追溯至七千年前，尽管如今它显得有些冷门，但其传承从未断绝，颇为难得。

这古老的乐器，其声音独特，古朴而悠长，因此在唐代，它常常在郊庙、元会、冬至以及册封大典等庄重场合中使用，承载着官方雅乐的礼仪之重。然而，据研究，埙最初并非与雅乐相伴而生，它应当源于民间俗乐，后才被纳入官方的礼乐体系。颇为有趣的是，埙的化身——孩童的玩具在民间依旧流传，如藏族的"扎令"、彝族的"布里拉"、回族的"泥哇呜"等。

在莫高窟220窟内的壁画上，一位乐师正双手捧着埙，专注地吹奏。凝视时，似乎那悠扬的乐声就在耳边回荡。

埙的起源，竟然不是乐器？

关于埙的起源，有很多种说法。人们普遍认为古人最早用埙来模仿鸟兽的叫声捕猎。不过也有一种说法十分有趣：埙起源于一种叫作"石流星"的狩猎工具。古时人们常常用绳子系上一个石球或者泥球，投出去击打鸟兽。因为有的球体中间是空的，抡起来一兜风能发出声音。后来人们觉得有趣，就拿来吹奏。于是功能性让位于娱乐性，石流星演变成了埙。

胡旋舞　莫高窟 220 窟　主室北壁　初唐（临摹）

花朝 慈日
春分 三候，始电

"胡旋女，胡旋女。心应弦，手应鼓。弦鼓一声双袖举，回雪飘摇转蓬舞。左旋右转不知疲，千匝万周无已时。"
——《胡旋舞》唐 白居易

转到停不下来的胡旋舞

千年之后，我们通过白居易的诗看到这样的景象："胡旋女舞者在鼓乐声中急速起舞，仿佛雪花一样在空中飘摇，又像蓬草迎风飞舞，连飞奔的车轮都比她缓慢，急速的旋风与之相比也逊色，左旋右旋不知疲倦，千圈万周转个不停，她转得那么快，观众几乎不能看出她的脸和背。"这种诗意的描写生动突出了胡旋舞的特点。

胡旋舞曾是唐代非常盛行的舞蹈之一，大约出于西域的康国（康就是粟特人所成立的"昭武九姓"之一）。作为粟特地区广为流行的舞蹈样式，此舞蹈经西域传入中原后，从宫廷到民间都得到了好评。

看！敦煌壁画中胡旋舞者的脚下一般都有一个圆毯子，它就是舞者的舞台。无论转得多么快，舞者都不可以转到毯子的外面。

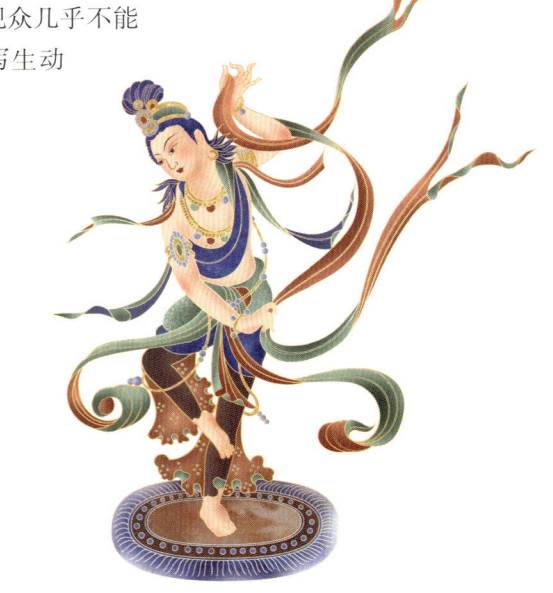

你知道哪些历史名人擅长胡旋舞？

胡旋舞者多为女子（后来也有男子），胡旋舞有独舞，也有多人舞。今天我们知道的善跳胡旋舞的历史人物有杨玉环和安禄山。据说杨贵妃跳得极为出色，所谓"天宝季年时欲变，臣妾人人学圜转，中有太真外禄山，二人最道能胡旋"。《旧唐书·安禄山传》云："（安禄山）晚年益肥壮，腹垂过膝，重三百三十斤，每行以肩膊左右抬挽其身，方能移步。至玄宗前，作胡旋舞，疾如风焉。"

②《药师经变》P123

腰鼓伎乐 榆林窟 025 窟 主室南壁 中唐（临摹）

花朝 顺日

春分　三候，始屯

"腰鼓声威撼谷坡，恢宏气势大风歌。"
——安塞腰鼓歌词

边跳舞边敲腰鼓的"胖端倪"

图像中，古老的腰鼓静默而神秘。它不仅是乐队中不可或缺的伴奏乐器，在中唐更获得了新的使命：既是音乐之声，亦是舞蹈之魂。

腰鼓舞的身影，在传统乐舞中屡屡展现其独特的韵味。在敦煌壁画的细腻描绘中，我们目睹舞者如何将腰鼓的律动与舞姿完美融合。与传统中原的舞蹈风格迥异，腰鼓舞融合了胡人女子轻盈的舞步，创造出了既有力量又不失节奏感的独特舞蹈。

榆林窟025窟南壁上，这位腰鼓舞者占据舞台中央，上半身轻衣薄纱，彩带随风飘扬。丰满的手指伸展开来，即将击响腰间的细腰鼓。充满力量的手掌和翘起的大脚趾，彰显着舞姿的激情与狂野。正是舞伎夸张而富有节制的动作，以及丰腴圆润的身姿，使得后人亲切地称之为"胖端倪"。

腰鼓的演变历程是怎样的？

敦煌壁画中的腰鼓，见证了它从乐器到乐队再到乐舞的发展轨迹。自传入我国以来，腰鼓最初仅作为小型器乐参与合奏，唐代时被归入打击乐组，最终与舞蹈紧密结合，成为乐舞的灵魂。

不光是乐器，也是舞具 P105

反弹琵琶　莫高窟 112 窟　主室南壁　中唐（临摹）

| 花朝 | 忠日

春分　三候，始电

"反手拨弦自在弹，盛唐流韵袅千年。"
——《缘起·天宫伎乐·反弹琵琶》

反弹琵琶不遮面

像飞天一样，"反弹琵琶"也几乎可以成为敦煌的代名词。

反弹琵琶千年来一直都是人们热衷讨论的话题，从艺术的角度来看，它堪称敦煌壁画中最杰出的艺术作品之一。

今天我们理解的"反弹琵琶"，指的已经不只是敦煌壁画中的一种舞姿或造型，更引申为突破常规的思维和行为——不走寻常路或反其道而行之。

壁画中的反弹琵琶，首先体现出了敦煌舞者舞姿的千变万化、刚柔相济。舞者以腹部支撑身体，左腿绷直，右腿抬起，双手背在脑后。这样的舞姿对于力量的要求很高，体现的是反弹琵琶"刚"的一面。在热烈舞动的同时，舞者还需要反手弹奏琵琶，体现出了"柔"的一面。对于这一看似不可能的瞬间，画师用细腻的笔触对反弹舞者的身形和飘逸的衣袂都进行了细致的勾勒，显得极为美妙。

反弹琵琶，真的能在现实中实现吗？

反着弹琵琶，对舞者的身体柔韧度要求极高，需要长时间的训练。近代有舞者成功演绎了这种力与美的完美结合。

出镜率最高的乐器 P111

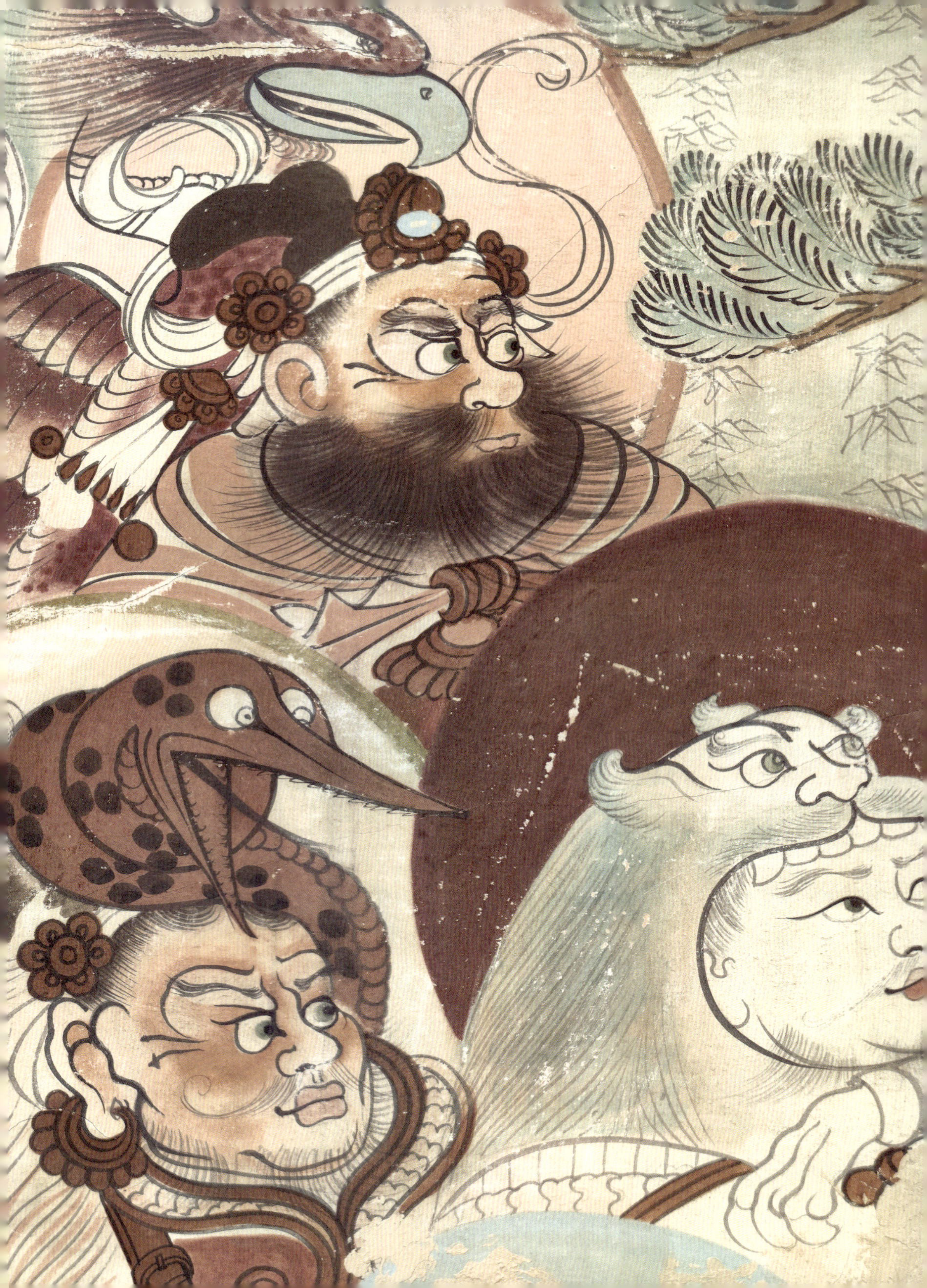

神将护法

桃月

草色青青柳色黄,
桃花历乱李花香。
——(唐)贾至《春思二首·其一》

神话人物―天龙八部―天王力士

天龙八部　榆林窟 025 窟　主室北壁　中唐（临摹）

神将护法

敦煌壁画中的护法神将可谓包罗万象。

首先是我们熟悉的"天龙八部"。作为金庸的代表作,《天龙八部》让整整一代人心驰神往。但很少有人知道,天龙八部并非金庸臆想出来的,而是他从佛教文化中拈出的知识点。"天龙八部"原指佛教中的八类护法神,分别为天、龙、夜叉、阿修罗、乾闼婆、紧那罗、摩睺罗伽、迦楼罗。因为以天、龙为首,所以合称"天龙八部"。

除了来自古印度的原汁原味的天龙八部、我们熟悉的四大天王,护法神中还混杂着许多来自中原、道教的神仙,如伏羲女娲、东王公、西王母、风神、雷神等。

让我们试着去探究每个形象的来源和发展,解锁新的知识点,更深入地了解敦煌文化的形成脉络。

伏羲女娲　莫高窟 285 窟　东披　西魏（临摹）

桃 元月
日

清明　初候，桐始华

"伏羲鳞身，女娲蛇躯。"
——《鲁灵光殿赋》东汉　王延寿

从华夏始祖到日月之神

伏羲、女娲是华夏民族的始祖，是我国最早有文献记载的创世神：据说伏羲教人们结网渔猎、用火和食用熟食，还创造了八卦；女娲则用黄土造人，炼五色石来补天。这样元老级的神话人物，在中国可谓影响力巨大。而在佛教的流传中，就有人把他们改造成了阿弥陀佛的从属：据说伏羲和女娲在阿弥陀佛的带领下，创造了日月星辰二十八星宿，并制定了春夏秋冬四季。

这样的故事设计，一方面反映了佛教在中原长期流传过程中努力吸收中国本土神话，另一方面可以看出故事创造者刻意把中国神话人物置于佛教的从属地位，以显示佛教的伟大。

莫高窟285窟窟顶东披画面中央，绘有摩尼宝珠，两侧分别绘有伏羲和女娲的形象。左侧为伏羲，手持"矩"（折角尺子）和墨斗，身上圆轮内有金乌，象征太阳；右侧为女娲手持"规"（圆规），身上圆轮内有蟾蜍，象征月亮。

古人的"规矩"，原来就是这样定下来的？

古人认为"天圆地方"，女娲手里拿的规是圆规，伏羲手里拿的矩是矩尺，它们象征着"天地"，寓意伏羲、女娲为开天辟地之神。另外，规和矩因此衍生了"规则"的抽象含义。我们常说"没有规矩，不成方圆"，本意是没有圆规和矩尺，就不能画出方形和圆形。

西王母　莫高窟 249 窟　南披　西魏（临摹）

桃月 丙日

清明 初候，桐始华

"西王母其状如人，豹尾虎齿而善啸，蓬发戴胜。"
——《山海经·西山经》

西王母是男还是女？

西王母，是中国传统文化中的一个神秘符号，其形象在历史长河中经历了从半人半兽、瘟疫刑杀之神，到掌握长生不老仙药的天界女仙之尊的演变。

在《山海经》中，西王母原本被描绘为一位男性神祇（与陆吾、开明兽等齐肩），有学者解读其名"西"为方位，"王母"则是某部族名称的音译。至汉代，西王母的形象频繁出现于墓室壁画之中，随着寻仙之风的盛行，其手中的"不死仙药"成为身份的显著标识——昆仑山上的不死树，传说是嫦娥盗取仙丹的来源。而到了明清时期，经《西游记》再度演绎，西王母在人间以"王母娘娘"的身份，成为蟠桃园的主人。

在莫高窟249窟南披的壁画中，西王母的早期形象得以生动展现。她头戴高髻，身着广袖长袍，乘坐着由三青鸟拉动的车辆，车上华盖如云，旌旗猎猎。仙人和飞天相伴左右，整个画面色彩艳丽，彰显了西王母的尊贵与神秘。对流云、旌旗、襟带等的精细描绘，使得人物形象栩栩如生，呼之欲出。

西王母身份不断变化的原因是什么？

西王母形象的演变，是上古神话流变的典型案例。一方面体现了中国文化在发展中不断融合新的元素；另一方面体现出了民间信仰的实用主义特征，例如西王母（可能）因为具备长生不老的能力被世人信奉。

西王母的快递员？P029

东王公　莫高窟 305 窟　北披　隋代（临摹）

桃月 戊日

清明 初候，桐始华

"北绝流沙，西登昆仑，见西王母。"
——《穆天子传》

东王公和西王母是夫妻吗？

人们常将东王公与西王母并列，仿佛这是一对天造地设的神仙眷侣。然而并非如此。传说中，东王公是周穆王的化身，居住在东荒山的一个巨大石室之中。据描述，东王公"长一丈，头发皓白，人形鸟面而虎尾"，这样的形象无疑是中国神话中典型的神怪形象。

关于东王公和西王母之间的渊源，在《左氏传》中曾有着详细的记载。周穆王在西巡的过程中，由造父驾车，他们"北绝流沙，西登昆仑"，在这一过程中，周穆王有幸见到了西王母。在瑶池的宴会上，周穆王赠送了白璧和大量丝绸给西王母，两人在宴席上互相唱和，乐而忘归。最终，他们在歌谣中表达了彼此的情感，并希望未来能够再次相见。这样的场景，俨然就是两国领导人之间友好会见。

在敦煌壁画中，东王公的形象被描绘得栩栩如生。壁画中的东王公身着宽大的袍服，乘坐由四条龙拉动的车驾，车前有手持缰绳的御者；车顶悬挂着华盖，旗帜随风飘扬。在车驾的前方，有乘龙的方士在引导前行，而在车驾的后方，则有天兽紧紧跟随。

东王公后来又变成了谁？

就像西王母形象从半人半兽变成了握有长生不死药的天界女仙之首一样，在历史长河中，东王公也演变成了道教全真道的始祖——扶桑大帝。

西王母是男还是女？P143

风伯飞廉　莫高窟249窟　西披　西魏（临摹）

桃月 庚日

清明 初候，桐始华

"前望舒使先驱兮，后飞廉使奔属。"
——《楚辞·离骚》 战国 屈原

风神飞廉

在西魏莫高窟249窟西披的壁画中，有这样一位管理风的神仙，他的样貌有点像大力士"乌获"，看上去有点可爱，但他还有一个霸气的名字——飞廉。

这位司风之神（也叫风伯），兽首人身，肩膀长有羽翼。他手中的长带正是他的法宝——风袋。风袋不仅可以装下无穷的风，还可以鼓风。

古代神话中，风伯作为天帝出巡的先锋，负责扫清路上的一切障碍。每当天帝出巡，总是雷神开路，雨师洒水，风伯扫地。风伯的主要职责，就是掌管八面来风的消息。他能运通四时的节气。

风神的起源是什么？

莫高窟中的风神形象分为两类，一类是早期外来的风神——就像249窟这位可爱的胖飞廉，这类风神其实是人兽合体，原型来自西亚和中亚；而另一类就是在中国土生土长的兽形风神，有着《楚辞·离骚》中提到的鹿头鸟身。

雷公　莫高窟 249 窟　西魏　霍熙亮（临摹）

桃月 壬日
清明 初候，桐始华

"雷公击鼓驱群龙，神之灵兮与天通。"
——《萧泷庙记》宋　王庭珪

雷公与十二音雷公鼓

打雷这种自然现象，在远古之人看来极为神圣与神秘。因为对大自然的了解不够充分，所以古人会认为雷电是上天发怒，是神对人间降下的惩罚。因此，雷神就成了惩恶扬善、替天行道的神仙。在民间，人们也习惯把雷神称为"雷公"。

自古以来，雷与鼓就紧密联系在一起，因为隆隆的雷声就像是雷公在天上击鼓。雷神的工具正是围绕在他周围的鼓——十二音雷公鼓，为雷公专用。

敦煌壁画中的十二音雷公鼓，是由十二面色彩鲜艳的鼓绕雷公一周而成。这十二音雷公鼓，可谓敦煌画工所绘制的最为写意与抽象的乐器图案之一了。壁画中兽首人身的雷神，在十二面连鼓急速的旋转中，手足并用奋力敲打，使人感到空中雷声隆隆，不绝于耳。

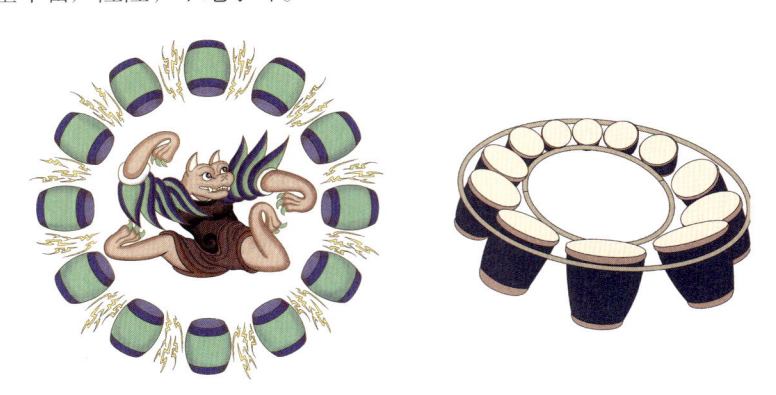

真的有十二音雷公鼓？

在风雨雷电四神中，雷神是唯一一个以乐器作为法宝的。雷公鼓看上去似乎和我们熟悉的架子鼓很像。今天的研究人员根据古代的形制复原出十二音雷公鼓，只不过不能像雷公那样一个人单独演奏这件乐器，需要几个人配合才可以。

霹电　莫高窟249窟　西披　西魏（临摹）

桃月 甲日

清明 二候，田鼠化鴽

"挟驾雷公诃电母"
——《次韵章传道喜雨》宋 苏轼

古人对电的认知

电神，古人又称霹电、列缺、打闪。早期电神为人兽合体，人身兽头兽爪，手臂上生长着羽翼。

敦煌壁画中的这位电神，站成弓步，两手拿着尖头铁杵全力向下猛击，从而产生闪电。

从他弯曲的手臂、站立的姿势可以看出，他使出的力气可不小。这种由铁杵的猛烈撞击产生的耀眼火花，被古人描绘成天上闪电的来历。

那么古人如何理解先有闪电再听到雷声的现象呢？

他们认为只有电神先用闪电照亮人间，雷神才知道把雷打到哪儿去，所以雷神需要电神配合完成工作（当然我们现在知道，这是因为声音的传播速度比光的传播速度慢）。

电母又是谁？

民间还有一种传说是将电神叫作"电母"。雷与电通常一起出现，而打雷很有力量感，电与风则差不多，具有轻灵的特征，因此雷神就被塑造成威猛的大力士，成为具备男性特征的雷公，与雷神密切配合的电神就演化成了雷公的配偶——电母。

雷公与十二音雷公鼓 P149

龙王　莫高窟036窟　西壁　五代（临摹）

桃月 乙日

清明 二候，田鼠化䳜

"大水淹了龙王庙，一家人不认得一家人。"
——民间俗语

龙王在此

　　龙王崇拜在中国民间有着极大的影响力，古代几乎每个村落都建有龙王庙。古代神话中，龙王是龙族的首领，既统领水族，也掌管行云布雨的权力。虽职位由天庭管理，但作为司雨之神，它拥有较大的自由度，负责管辖海洋等水域。我们耳熟能详的《西游记》中有"东南西北"四海龙王。敦煌壁画中的龙王则更多，比如八大龙王：娑伽罗龙王、修吉龙王、德叉迦龙王、阿那婆达多龙王、摩那斯龙王、优钵罗龙王、难陀龙王、跋难陀龙王。

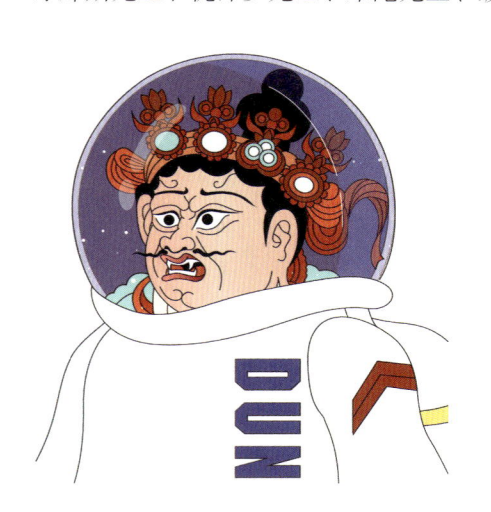

　　敦煌壁画中，龙王多作为护法神而存在。五代莫高窟036窟西壁的壁画上，八大龙王率领眷属正在礼佛。左页的这位龙王看似表情狰狞，但又表现出虔诚的护法供养。他头戴宝冠，身披长巾，手捧供盘，盘中有供瓶、宝珠，龙子、龙女、夜叉部将等随其前后，拥护着他在波涛汹涌的海上缓缓行进。这幅壁画笔法流畅，色彩协调，是五代时期难得的佳品之一。

龙王崇拜是如何形成的？

　　龙是中国文化创造出来的神兽，能行云布雨。中国古代经济以农业为根本，君王多以龙而自居，这些都加深了龙的神秘感和权威性。早在商代的甲骨文中已出现群体祭龙求雨的文字。在龙逐步替代了雨师计蒙的地位之后，农村开始建立龙王庙来祈求平安和丰收，从而成为全国性的民间习俗。

人首蛇身的龙众 P165

雨师　莫高窟249窟　西披　西魏（临摹）

桃月

清明 二候，田鼠化䴇

"又东百三十里，曰光山，其上多碧，其下多木，神计蒙处之，其状人身而龙首，恒游于漳渊，出入必有飘风暴雨。"
—— 《山海经·中山经》

雨师计蒙

雨师计蒙，是古老神话中的司雨之神。

《山海经·中山经》中记载，计蒙常在漳水里游泳嬉戏，每次出来回去一定会有骤风暴雨。他虽然长着人的身体，脑袋却有几分像龙，手像鸟爪，手臂上还长着羽毛，每当他挥动臂膀，口里就会喷出雾来，成为人间的雨。

中国古代经济以农业为根本，而雨情与农作物收成密切相关，先民普遍期待风调雨顺。于是，在立夏后、小满前，民间会有祭祀雨师的活动，祈祷天降甘霖，润泽万物。隋唐时期，在长安城金光门外就有专门祭祀雨师的雨师台。

在敦煌壁画中，我们也能看到古人想象中雨师的原始形象。

降雨，谁更专业？

中国古代神话中，负责布雨的一直就是雨师，也有人说计蒙是龙王的早期形象。后来随着佛教传入，龙与印度的蛇融合，才有了真正意义上的龙王，降雨的能力也一并传承过去。唐玄宗时，人们开始用祭雨师的仪式祭龙王。从此，人们对龙王司雨的信仰基本确立。

龙王在此 P153

乌获　莫高窟249窟　南披　西魏（临摹）

桃月

清明　二候，田鼠化䴅

"臣闻物有同类而殊能者，故力称乌获，捷言庆忌，勇期贲、育。"
——《谏猎疏》汉　司马相如

中国古代的大力神

传说乌获是兽首人身，四肢像兽爪，胳膊上长满羽毛，头上长角。

在西魏莫高窟249窟主室南披的壁画上，你可以看见大力士乌获身穿短裤，两腿劈叉一样地分开，好像在大步奔跑。从他弯曲的手臂和奔跑状态的大腿来看，他的肌肉饱满发达，身体特别强壮，是当之无愧的大力士。

不过看他的样子，好像一边奔跑一边在呼喊着什么。原来，这幅壁画描绘的是西王母出行。画面的天空中天花烂漫，彩云飘荡，西王母坐在凤辇之上，四只凤凰在前面拉车，车后旌旗飘扬，旁边有文鳐、白虎护卫，车前还有各种神仙、仙姬为她开路、引导，乌获就是其中之一。难怪他要大步奔走，原来是在为西王母开路啊。

历史上还有哪些著名的大力士呢？

战国时期秦国就有大力士以"乌获"命名，与任鄙、孟贲齐名。传说在黄帝时期，也有三位大力神是黄帝的贴身护卫，据说一个能背山，一个能托梁，一个力气最大。

乘龙仙人　莫高窟329窟　主室西壁　初唐（临摹）

桃月 辛日

清明 二候，田鼠化鴽

"驾白麒麟，鞭青鸾凤，次第孤山客。"
——《大江东》元 黎廷瑞

乘龙仙人

在我们的印象里，神仙们大多千变万化，上天入地、腾云驾雾自不用说。但无论是在敦煌壁画中，还是在我们耳熟能详的神话故事中，很多神仙都有自己的坐骑。这不免让我们有点好奇：明明可以自己飞，为什么还要带个坐骑呢？

我们先试着从神仙的视角来解读一下：神仙们的坐骑大多数是威猛刚毅的神兽，菩萨慈悲，但坐骑可以威猛，既能形成一种反差，也能彰显自身的地位。再从观众的视角来解读：神仙数量众多，往往难以分辨，而根据神兽可以清晰地叫出乘坐者的名字。一般神仙都有专属的神兽坐骑也不奇怪了。

在初唐莫高窟329窟《夜半逾城》的故事中，有一位乘龙仙人。他身上的飘带迎风飞舞，显示着龙的速度飞快。这位仙人所乘骑的龙微张大口，四爪腾空。龙身上颜色并未完全氧化，还保留了一部分蓝色，显得更加神秘深邃。

你印象中，还有哪些神仙骑着神兽？

除了普贤菩萨的六牙白象、文殊菩萨的青狮，还有牛魔王的避水金睛兽、太上老君的青牛和张果老的毛驴，你还能想到别的吗？

龙王在此 P153

天龙八部　榆林窟025窟　主室北壁　中唐（临摹）

桃月 官日
清明 三候，虹始见

"一天、二龙、三夜叉、四乾闼婆、五阿修罗、六迦楼罗、七紧那罗、八摩侯罗伽。"

——《天龙八部》 当代 金庸

敦煌壁画里的"天龙八部"

说起"天龙八部"，我们常常想起金庸的武侠小说，这可以说是中国几代人的青春回忆。

在敦煌壁画中，画师们将天龙八部基本表现为人的形象，通过不同动物的头冠来表示其身份。这样既让天龙八部的形象贴近人类本身，又不失作为护法的刚猛。榆林窟025窟北壁出现的天龙八部（部分有损毁）的画面里，最上方背着巨大的红色鸟冠的是迦楼罗，顶着赭红底色黑色斑点花纹蛇冠的是摩睺罗伽，头戴白色狮子兜帽的是乾闼婆。

天龙八部的形象是它们的性格特写吗？

敦煌画师们从佛经出发，推导出天龙八部护法的特点并将之形象化。

天众，惩恶扬善，护佑人间；龙众，时人时龙，施云布雨；阿修罗，凶狠好斗，骁勇善战；夜叉，青面獠牙，灵敏矫健；乾闼婆，以香为食，变化莫测；迦楼罗，鸟中之王，喜食飞龙；紧那罗，外形似人，善于音律；摩睺罗伽，人首蛇身，多嗔少施。

② 《弥勒经变》（上）——龙华三会 P113

天女 榆林窟 003 窟 西壁 西夏（临摹）

桃月 癸日

清明 三候，虹始见

"这的是兜率宫，休猜做了离恨天。"
——《西厢记》元 王实甫

天众是人还是神?

天众（梵语 Deva，又称天人），位居天龙八部之首，以大梵天（原为婆罗门教的创世神）为尊，以著名的帝释天（众神领袖，原为雷电神与战神）为首，又有我们熟悉的四大天王等。所以天众包括而不限于大梵天、帝释天、多闻天、持国天、增长天、广目天、大自在天、吉祥天等，看起来极为复杂。

在人看来，天众肯定是天神，享受着各种荣华富贵。然而在佛家来看，天众虽然在八部中地位最为显赫，却也不像传说中的天神那样至高无上，天众和其他七部一样会有生死轮回，一样是佛的护法，待遇只不过比人类好一点。

因为天众主要的职责是惩恶扬善，护佑人间，所以在敦煌壁画中，画师们靠想象力将天龙八部的天众描绘为帝王等人间管理者的形象。

到底有多少重天?

古代的神话传说经常会提到"九重天"，这里的"九重"是一个概念，意思是多层。佛教说的三界是指"欲界、色界、无色界"，分别为欲界六天、色界十八天、无色界四天，合计二十八重天。而欲界中的忉利天，又称三十三天（不过这里的三十三天不是指三十三层，而是平面的维度），它处于须弥山顶，周围有四王天，东西南北四方各有八天。看来还真是"天外有天"啊！

大名鼎鼎四大天王 **P181**

龙众　莫高窟 158 窟　西壁　中唐（临摹）

桃月 政日

清明　三候，虹始见

"斯须九重真龙出，一洗万古凡马空。"
——《丹青引赠曹将军霸》唐　杜甫

人首蛇身的龙众

　　龙是中国创造出来的神兽——"头似驼，角似鹿，眼似兔，耳似牛，项似蛇，腹似蜃，鳞似鲤，爪似鹰，掌似虎，是也，其背有八十一鳞，具九九阳数"。中国人常以"龙的传人"自居，且以龙为尊，比如皇帝自称真龙。

　　而敦煌壁画中的龙众，是天龙八部之一，其原文是 Naga（梵语"蛇"的意思，也指一种人首蛇身的神）。在翻译佛经时，佛教徒将 Naga 译成了龙，将 Nagaraja 译成龙王。所以佛典所说的"龙"为一种长身、有鳞、无足的蛇形半神之物。这种形象既与西方的龙不同，也和中原传统的"龙"的概念不完全相同。

龙众和龙族的概念是如何融合的？

　　中国古代所崇拜的龙，其实与来自印度的"龙"有所不同，后者作为众生之一，居住在水里，有时也会行云布雨。鉴于它和中国龙王存在这样神秘的联系，又为了传播方便，两者在后来的文字和图片转译中逐步趋于一致。这体现了佛教文化和本土文化的融合。如果称 Naga 为蛇神，想来中国的百姓难免会害怕。

龙王在此 P153

阿修罗王　莫高窟 249 窟　西披　西魏（临摹）

桃月

清明 三候，虹始见

"开函捧之光乃发，阿修罗王掌中月。"
《栖岩寺隋文帝马脑盏歌》 唐 卢纶

生性好斗的阿修罗王

我们经常从影视剧中听到"阿修罗"的名字。阿修罗经常和帝释天所领导的天族对抗，每次都打得天昏地暗，所以人们往往会把惨烈的战争场面比喻成"修罗场"。

阿修罗是印度神话中诸恶神之一，被佛降服后，和天众、龙众、紧那罗等同为天龙八部众。阿修罗王则是天龙八部的护法神阿修罗众的王，他力大无穷，又十分暴躁，生性好斗，经常与天界上的其他神仙争斗。

据说阿修罗王身形高大，顶天立地，大海都不能淹过他的膝盖。他长有四只眼睛、四条手臂，前面两条手臂放在胸前，后面两条手臂高高举起，左手托着月亮，右手托着太阳。而他身后的山就是传说中的须弥山，阿修罗王站在那里，显得比须弥山更高大。

阿修罗为什么那么好斗？

阿修罗好斗是有原因的。一说，阿修罗经常同众神进行争斗是为了一棵神树。这棵树的树根在阿修罗居住的须弥山山洞中，可它成熟的果实却在天上，被天人享用。另一说，阿修罗众男的很丑，女的很美，典型的"美女与野兽"组合。阿修罗有美女而没有美食，帝释天有美食而没有美女。为了夺取稀缺的资源，双方总是争斗不休。

天众是人还是神？ P163

乾闼婆　榆林窟025窟　主室北壁　中唐（临摹）

桃 帝 月
清明　三候，虹始见

"不出阿兰若，岂遭乾闼婆。"
——《朱朝议移法云兰》　宋　王安石

变幻莫测乾闼婆

天、龙、夜叉、阿修罗、乾闼婆、紧那罗、摩睺罗伽、迦楼罗——有没有发现，天龙八部中前四类还挺好记，后四类的名字就变得拗口，感觉距离中国人的日常比较遥远。

这是因为他们的名字多来自梵语。"乾闼婆"，是梵语 Gandharva 的音译，本义"变幻莫测"。比如，魔术师也叫"乾闼婆"，海市蜃楼叫"乾闼婆城"。这些对于我们来说都是难以捉摸的。

传说中，乾闼婆是香音神，他们体态优美，凌空飘飞，以香气为食物，所以身体会散发出浓郁的香气。到了后来，乾闼婆（和紧那罗）就逐步演变成了我们熟悉的飞天。

乾闼婆是漂亮的女子吗？

虽然乾闼婆名字里有个"婆"字，而且后来变成了喜欢香气的飞天，但在天龙八部里的时候，可是不折不扣的男神，在印度传说里他还有老婆呢。

飞天是天龙八部的"合体"？P077

摩睺罗伽　榆林窟025窟　主室北壁　中唐（临摹）

桃月 哲日

谷雨　初候，萍始生

"摩罗伽，此云地龙，即大蟒腹行之神。"
——《楞严经》

"傻神有傻福"的摩睺罗伽

摩睺罗伽（梵语 Mahoraga，意为大蟒神），蛇头人身。而在敦煌壁画中，画师们会把他塑造成人形兽冠的样貌，这样既容易识别也较为美观。

据说最初摩睺罗伽靠腹部在地上爬，智力不是很高的样子，但恰恰因为无知，他反而得道成了护法神，可谓"傻神有傻福"的典范。

榆林窟 025 窟里，这位头戴着蟒蛇头冠的摩睺罗伽，我们可以直接称呼他为"大蟒神"。

敦煌壁画上为什么会出现蛇族？

地处戈壁的敦煌，当然不是蛇的主要活动区域。摩睺罗伽的来源是古印度，那里蛇种类较多，也有许多以蛇为图腾的部众。蛇的行为方式既让人感到恐惧也令人觉得神秘，所以佛家把摩睺罗伽纳为八大护法之一；敦煌壁画上的摩睺罗伽形象，也进一步证实敦煌艺术从古印度文化中汲取了灵感。

紧那罗　莫高窟 158 窟　西壁　中唐（临摹）

桃月 明日

谷雨 初候，萍始生

"击鼓吹螺，天歌梵放了紧那罗。"
——《南柯记》明 汤显祖

伎乐天的前身——紧那罗

天龙八部中有一个族群和音乐密切相关，是当之无愧的音乐家，他们被称为"紧那罗"（梵语 Kimnara，为"人非人"之意；一说和人一样，但头上生一只角；另一说分男女，男性为马首，女性容貌出色）。

紧那罗是天庭专门演奏乐器的音乐家，善于歌舞，是帝释天的御用乐神。他们的首领是弹琵琶的东方持国天王。每每有佛陀说法，就有他们伴奏。敦煌壁画上的飞天形象就是他们和乾闼婆两个部众融合而来。

紧那罗是如何变成飞天的？

紧那罗最初的任务是在佛国净土世界里为佛陀、菩萨、众神、天人奏乐歌舞。这时候的紧那罗，虽然居住在天宫，但不能飞翔。后来，人们逐渐把乾闼婆和紧那罗的职能混为一体：乾闼婆也开始演奏乐器，载歌载舞；紧那罗亦冲出天宫，飞翔于云霄。再到后来，他们男女不分，合体化为流传千古的"敦煌飞天"。

飞天是天龙八部的"合体"？P077

迦楼罗　榆林窟025窟　主室北壁　中唐（临摹）

桃月 正月

谷雨　初候，萍始生

"迦楼罗，此云金翅，翅翮金色，居四天下大树上，两翅相去三百三十六万里。"——《法华经》

金翅大鹏迦楼罗

熟悉《西游记》的朋友一定记得那只威力无边、与佛祖齐名的"金翅大鹏鸟"，据说他张开的双翅长三百多万里。它的原型就是"迦楼罗"（梵语Garuda，意思是金翅鸟）。

在古印度神话中，迦楼罗的形象为半人半鸟，生有鹰首、利爪和喙，而身躯和四肢则和人一样。这一族说得上是龙族的死对头，因为迦楼罗专以龙为食，能除毒蛇之害。

传说中，一位迦楼罗王可以每天吃一条大龙和五百条小龙（这里的龙，可能是指带毒的蛇）。不过迦楼罗王虽然威风，但也是个悲剧人物。因为吃毒蛇，毒素长期积累在体内，等到毒发时，迦楼罗王就会燃烧，只剩下一颗纯青琉璃心；据说这颗琉璃心还被天神拿去做了装饰品。

迦楼罗的形象是不是很眼熟？

去泰国旅行的时候，你可能经常会看到一个半人半鸟的形象，那就是迦楼罗，也是如今泰国王室的标志。

夜叉 榆林窟025窟 主室北壁 中唐（临摹）

桃月 学日

谷雨 初候，萍始生

"牛头菩萨面，马面夜叉头。"
《颂古八首·其一》宋 释道颜

夜叉其实并不是妖怪

谈及夜叉，人们脑海中往往会浮现一个面目狰狞的恶鬼形象——手持利叉，于夜幕下在海面上往返，其貌不扬，令人畏惧。

然而，这又是一次历史的误解。佛教中的夜叉，是梵语"Yaksa"的音译，与汉字"夜"与"叉"并无实际关联。据佛典记载，夜叉身手敏捷，勇猛异常，擅长驱鬼，有的善于空中飞行，有的擅长地面行走，显然是一种精灵般的生物。实际上，夜叉亦为佛教护法之一，其中最为知名的护法便是《药师经》所载的十二药叉大将（亦称"十二夜叉大将"）。

在敦煌壁画中，画师们基于常规理解，亦将夜叉描绘成凶神恶煞的模样。画中这位夜叉，面貌狰狞，形态奇异，身材魁梧，孔武有力。在敦煌壁画中，夜叉的形象大多肌肉袒露，须发蓬张，手持棍棒等武器，呈现出张牙舞爪的凶猛之态。

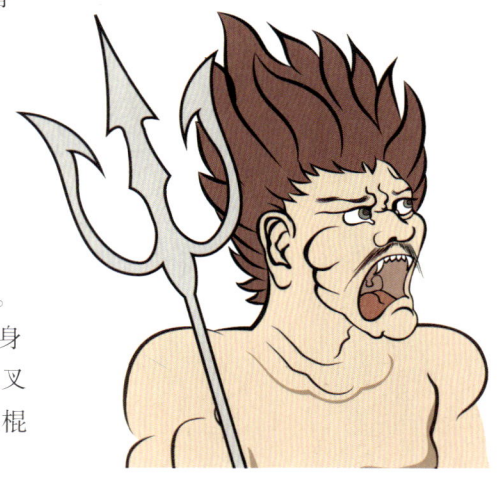

为什么人们会把夜叉描绘成很凶的形象？

中国古代小说倾向于把夜叉描述成长相丑恶的鬼怪，如《聊斋志异》里描述夜叉獠牙外翻，眼睛像两盏灯，利爪能把鹿给生生撕开；《哪吒闹海》中，对夜叉的描述是蓝色的脸，红色的头发，一张血盆大口，满嘴獠牙，手里举着大斧头——这个模样看上去就十分凶恶。后世也常用夜叉来比喻丑陋、凶恶的人。不过人不可貌相，在敦煌壁画中夜叉是护法之神，不全是丑恶的鬼怪形象，对人类也比较友善。

摩伽罗　莫高窟 158 窟　西壁　中唐（临摹）

桃月 平日
谷雨 初候，萍始生

"摩羯者，梵语也。海中大鱼，吞噬一切。"
——《大藏经》

海中怪兽摩羯鱼

摩伽罗（梵语 Makara，寓意海中巨兽），亦名摩羯。唐代高僧玄奘译作摩羯，于《大唐西域记》中记载了体型如山的"摩竭大鱼"传说。今日中国古建筑上的鸱吻，据说便是摩羯（是鱼与龙的结合体），具有避邪祈雨之功效。

现今流行的天龙八部描述中，已不见摩羯鱼的踪影，然而唐代的文献中却记载了作为天龙部众之一的摩伽罗；同期敦煌壁画中亦可见其形象，让我们一起来识其真容。

在佛陀涅槃图内，天龙八部护法神头戴各式鸟兽盖，可辨识者有龙盖、蛇盖、金翅鸟盖、狮盖等。其中这位护法神头顶摩羯鱼盖——其绿头生耳，目如火珠，顶缀双角，此护法即为摩伽罗。

中国史籍所载摩羯鱼与西方摩羯座，是否同源？

相传摩羯鱼与十二星座的摩羯座有着不解之缘。希腊神话中，摩羯原型为羊首鱼尾的牧神潘恩。而在印度神话中，摩羯形象为兽头、长鼻、利齿、鱼身鱼尾，具有翻江倒海之力，能瞬间吞噬万物。佛教东传后，摩羯鱼与龙相融，形成了"龙头鱼身"的新形象。中西方摩羯虽异，但皆具鱼尾特征。

多闻天王　榆林窟003窟　西壁　西夏（临摹）

桃月 保日
谷雨 二候，鸣鸠拂羽

"魔家四将：魔礼青、魔礼红、魔礼海、魔礼寿。"
——《封神演义》明 许仲琳

大名鼎鼎四大天王

在我们拜访寺庙的时候，总会看见四尊威风的高大雕塑——四大天王。

那么让我们翻开四大天王的佛教历史档案，来看看他们的来历到底是什么？四大天王，来自古老的吠陀神话，据说他们各率二十八部将，住在须弥山山腰，护卫东南西北四个方位。佛教的世界观中，须弥山为中心，四周是大海，海的四面各有一洲。东方的叫东胜神洲，守护者为持国天王；南方的叫南赡部洲，守护者为增长天王；西方的叫西牛贺洲，守护者为广目天王；北方的叫北俱芦洲，守护者为多闻天王。其实，天王形象从唐代到宋再到明清一直在不断发生着变化。唐朝的天王信仰最早只是集中在多闻天王一个人身上，到明清《封神演义》的流行才变成了"魔家四将"。

我们如何区分四大天王？

各个朝代的天王塑像不尽相同。据说天龙八部中分属于不同族众，他们各自所持的法宝和所率领的族群有关，比如乾闼婆是乐神，持国天王就拿琵琶；广目天王管龙族，所以手里就拿一条蛇。今天我们熟悉的四大天王的道具分别是：青锋宝剑、碧玉琵琶、混元珍珠伞、紫金花狐貂（一说蛇）。这四件道具分别对应着风（锋）、调、雨、顺的美好寓意。

天众是人还是神？**P163**

北方多闻天王　榆林窟025窟　主室北壁　中唐（临摹）

> "珈蓝慧伞证菩提，物欲佛门旷世稀。"
> ——《北方多闻天王》 佚名

北方多闻天王

北方多闻天王，亦称毗沙门天王，乃护法神之尊，四大天王之首，曾在古代敦煌、于阗及中亚地区备受尊崇。

自古以来，北方天王的信仰在军中深入人心。唐代高僧不空在翻译《毗沙门仪轨》一书中，讲述了这样一段传奇故事。天宝元年，中亚的大石、康国等五国联军围困安西城，城池岌岌可危，援军难以及时抵达。唐玄宗采纳胡僧大广智的建议，祈求北方天王援助。天王遂遣其次子独健率天兵驰援，众多金色老鼠咬断敌军弓弦，唐军得以凯旋。战后天王显圣于安西城楼之上，其形象被绘制下来呈献给唐玄宗。由此，北方天王成为唐代战神的化身，被各地军镇敬奉。在唐帝国与吐蕃、南诏交战的前线，北方天王的塑像供奉极为普遍。

民间对北方天王的推崇，则源于他被视为"财宝天王"。因为他手持宝伞，伞上镶嵌着各式珍宝，象征着财富的无限；而且北方天王眷属所持吐宝鼠，更是能将所食之物转化为宝珠。

北方天王，是托塔天王李靖吗？

明清小说《西游记》《封神演义》《隋唐演义》中，均提及"托塔天王李靖"。实际上，历史上的李靖并非城塘关总兵，而是大唐的开国名将。直至元明时期，李靖才与北方天王的信仰融合杂糅。在《封神演义》等神魔小说的渲染下，北方天王的塑像出现了一手持伞、一手持塔的经典形象，即我们所熟知的"托塔李天王"。这实为唐朝名将李靖与民间北方天王信仰相结合的历史产物。

郎神原型——独健 P199

南方增长天王　榆林窟 025 窟　主室北壁　中唐（临摹）

桃月 神日

谷雨 二候，鸣鸠拂羽

"神枪雪刃拼沙场，慧剑钢锋断恼烦。"
——《南方增长天王》 佚名

南方增长天王

南方增长天王的"增长"看起来非常具备当代性，是因为我们经常在新闻中会看见"首席增长官""经济增长"等类似的词语。和今天我们所提的"财富"或"业务"的增长不同，这里的"增长"指的是帮助人们增长善根和智慧。

南方天王穿着青色甲胄，手握宝剑。他的职责是守护南赡部洲，以鸠盘荼（又名冬瓜鬼）、薜荔多（又名饿鬼）等作为部众。

南方天王手上拿的"青锋剑"有什么含义？

南方天王手持青锋剑，"锋"通"风"，代表风调雨顺的风；也代表了智慧，用智慧去斩断烦恼。放到现代人的语境中，就是告诫我们不可以有太多无谓的想法，只有在理智的掌控下变得专注，才能做出最好的抉择。

西方广目天王 榆林窟003窟 西壁 西夏（临摹）

桃月 圣日 谷雨 二候，鸣鸠拂羽

"广目鉴察看众生，尽收法眼辨分明。"
——《西方广目天王》 佚名

西方广目天王

西方广目天王，顾名思义，能以净天眼随时观察世界千变万化，洞察世间真相，故称为"广目天王"。

作为龙族的首领，西方天王以龙王等为部众。他的职责是守护西牛贺洲。在不同的故事中，这位西方天王手中的道具有所不同。寺庙中的西方天王往往是手持蛇的造型，而有的画像则显示出是一条龙，在《封神演义》中更变成了紫金花狐貂。

唐代壁画中的西方天王，是一手持弓，一手持箭的造型，和后世手中拿蛇的形象就很不一样。那么早期的"弓箭"是如何变成了后来的"蛇"（或龙）了呢？

西方天王手上的宝物有什么含义？

西方天王代表风调雨顺的"顺"。最经典的西方天王造型往往是一只手拿蛇（蛇代表着多变），另一只手拿宝珠（宝珠代表不变）。在变化中掌握着不变，才能真正做到"以不变应万变"。历史故事中的西方天王手中宝物的千变万化，恰恰代表世间充满变化。

人首蛇身的龙众 P165

东方持国天王　榆林窟003窟　西壁　西夏（临摹）

桃與**月**
日
谷雨　二候，鸣鸠拂羽

"琵琶在握调谐音，唯有中庸持正心。"
——《东方持国天王》 佚名

东方持国天王

东方持国天王，以慈悲为怀，护持国土，故名"持国天王"。

东方天王所守护的东胜神洲，就是《西游记》中孙悟空的花果山和傲来国所在大陆，他就是护佑这个世界的护法。

东方天王手持琵琶，用法音来感化和劝导人们断恶从善。其部众包括乾闼婆、紧那罗。

如何理解东方天王手上拿的琵琶？

这里的琵琶，代表着"风调雨顺"中的"调"。琵琶是中国古代的经典乐器，一方面和东方天王所率领的乐神部众密切相关，另一方面代表"中道"，弦松了弹不响，紧了就会断。调得适中，音律才能发出来。寓意我们在处事、待人、接物时一定要做到恰到好处，学好中庸之道。

飞天是天龙八部的"合体"？**P077**

火神金刚　莫高窟 003 窟　北壁　元代（临摹）

桃月 道日

谷雨 三候，戴胜降于桑

"金刚努目，所以降伏四魔；菩萨低眉，所以慈悲六道。"
——《太平广记》 宋

怒目火神金刚

人们常用"菩萨低眉"形容菩萨的慈悲善良，用"金刚怒目"形容金刚的威势。"菩萨低眉"是态度慈祥，以爱来摄护他人；而"金刚怒目"是面目凶暴，以降伏诛灭恶人；两者做法反差极大，所以给人留下深刻印象。

在敦煌莫高窟 003 窟里，就有这样一幅画：在低眉慈悲的菩萨身边，站立着怒目圆睁的金刚，两者的神态形成了鲜明的对比。

画面上的这位护法金刚，四周放射着炽烈的火焰，故名火神金刚。他的特别之处在于有八条手臂，分别握着金刚杵、铃、剑、绢索等法器，仿佛随时要投入战斗中，再加上他圆瞪着三只大眼、肌肉紧张、青筋暴露，活脱脱就是一个爆发出无穷战斗力的猛士。画师将他的长发画成竖直的状态，头顶像是喷薄而出的火焰。

面目狰狞的一定是恶人吗？

我们大多数人会认为怒目的金刚是恶人，低眉的菩萨是好人，其实两者都是表象。就像严厉的老师虽然并不和蔼，但"严师出高徒"啊！

2 无穷无尽的千手观音 P035

哼哈二将　莫高窟057窟　南壁　初唐（临摹）

桃月 恩日

谷雨 三候，戴胜降于桑

"哼哈二将形象威武凶猛，一名郑伦，能鼻哼白气制敌；一名陈奇，能口哈黄气擒将。"

——《封神演义》明 许仲琳

哼哈二将

佛寺山门前，往往有两位金刚力士，他们被称为"哼哈二将"。这两位的形象是明代小说《封神演义》根据佛教的两位护法神所创作的，二将形象威武凶猛，深入人心。

作为护法神的一员，金刚力士是天王的部下，但又不像天王一样穿着威武的战袍铠甲来展示雄健，只能依靠男性健美的体魄和隆起的筋骨、肌肉来表现英雄气概。这两尊金刚力士，动作造型充满力量，具有典型的男性美，简直可以说是中国版本的"大卫"。

在莫高窟057窟南壁的这幅壁画中，说法者的左右两侧各有一位金刚力士。两人均赤裸上身，腰系短裙，双眼圆瞪，昂首挺胸，威风凛凛，身上彩带飘绕，手臂和腿部肌肉突出。虽然不高大，但画师特别强调了他们体魄的健硕和超人的力量。

如此健硕的金刚力士为什么比菩萨要矮一大截呢？

画师在描绘佛国世界时脱离不了现实的影响，从壁画中的构图排序也能看到画师所遵循的等级秩序：金刚力士离佛陀最远，在菩萨的外侧，只能"自降身高"了。

金刚力士　藏经洞　唐（临摹）

桃月 慈日

谷雨 三候，戴胜降于桑

"天立四极，有金刚力士，兵长三十丈。"
——《河图玉版》汉

健身达人金刚力士

金刚，本意是一种坚硬金属。 这是金刚是佛和菩萨的侍从力士，因手持坚不可摧的金刚杵而得名。

金刚力士（又称那罗延，梵语 Nryana），意思是具有大力之印度古神。作为佛和帝释天属下的力士，他被归于天龙八部夜叉一部。

为了显示金刚力士的勇武和强大，敦煌画师通常把他描绘成肌肉虬结的凶恶壮汉形象。比如敦煌遗书中的这位金刚力士，他赤裸上身，脚踩莲花，面目狰狞，威猛可畏，细看其表情，怒眉凸眼、张口怒吼，加上他肌肉暴起、须发奋张、冠带飞扬的状态，颇有怒发冲冠之意。

金刚力士在神佛体系中的级别如何？

看着这么威风的力士，在执行具体护卫工作时却是天王的下属，其级别并不算高。如果和天王比较，天王属于正规军，所以身着盔甲；力士相当于民兵，所以不着盔甲（不过也正好展现其饱满、有力量感的肌肉）。这为我们在敦煌艺术中分辨天王和力士提供了判断依据。

十二药叉大将　莫高窟012窟　北壁　晚唐（临摹）

桃月 顺日

谷雨 三候，戴胜降于桑

"此十二药叉大将，一一各有七千药叉以为眷属。"
——《药师经》

药师佛的助手——十二药叉大将

十二药叉大将，就是指守护药师佛的十二位护法神。因为古代的医疗条件非常有限，人们需要向药师佛祈祷来解决病痛问题。而十二药叉大将作为药师佛的护法，也就很快成为人们的信仰对象之一。

有趣的是，这十二位护持药师佛的神将不仅都有自己的名字，而且形象与十二生肖是一一对应的关系，比如毗羯罗大将戴鼠冠，招杜罗大将戴牛冠，宫毗罗大将则戴猪冠，其次序与十二生肖完全吻合。

晚唐莫高窟012窟主室北壁的《药师经变》画中下方就是这十二位神将，他们同挤在宝台上，分列两边，每个人都头戴宝冠，双手合十，一个个大眼瞪小眼，严肃的表情中略带一丝丝滑稽。仔细看他们都是"胡跪"的姿势——半蹲半跪，这是当时西域少数民族的一种跪坐致敬的姿势。

为什么药叉大将是12这个数量呢？

药叉大将们不仅按十二生肖来分别保佑众生，而且据说他们是要排班的，在昼夜十二个时辰（二十四小时），以及十二个月里轮流率领着他们的眷属来守护生灵。

② 《药师经变》P123

毗沙门天王二太子　榆林窟025窟　前室东壁　中唐（临摹）

桃月 忠日

谷雨 三候，戴胜降于桑

"此是北方毗沙门天王第二子独健，领天兵救援安西，故来辞。"
——《北方天王仪轨》

二郎神原型——独健

据说，北方天王共有五个儿子，三儿子正是大名鼎鼎的那咤（"哪吒"是中国道教护法神的称呼，佛教中称为"那咤"），而二儿子就是独健。

在敦煌遗书中，北方天王身边的这位力士，右手中握着一只鼠（这并非普通的老鼠，而是可以口吐财富的吐宝鼠，是北方天王的看家法宝之一），左手拿着摩尼宝珠，右肩挎一个皮质袋子，头戴虎皮帽，下身着犊鼻裤（短裤），身披整张虎皮。

相传，这位英勇的力士在安西都护府保卫战中率天兵击退吐蕃军而获得战功，被赐以虎皮（吐蕃人把虎皮叫大虫皮，虎皮缝制的衣帽是吐蕃人表彰英雄的服装，即"皆房贵人有战功者，生衣其皮，死以旌勇"）。

二郎独健和后来的"二郎神"到底是什么关系？

在唐代时，对北方天王和二郎独健的信仰极其兴盛。一开始北方天王只是北方守护神，后来成为战神和财神。而对二郎独健的信仰在宋代尤为凸显。当北方天王演变成李靖的神话形象的时候，天王次子二郎独健也从"二郎"演变成了"二郎神"的原型。还有人说，二郎独健出征时身边带的那只神鼠，便是"哮天犬"的原型。我们今天会认为二郎神是"杨戬"，其实严重受到了《封神演义》小说的影响。这种看似错乱的关联，证明了文化艺术总是在不断演变的。

北方多闻天王 P183　被人们喜欢的吐宝鼠 P011

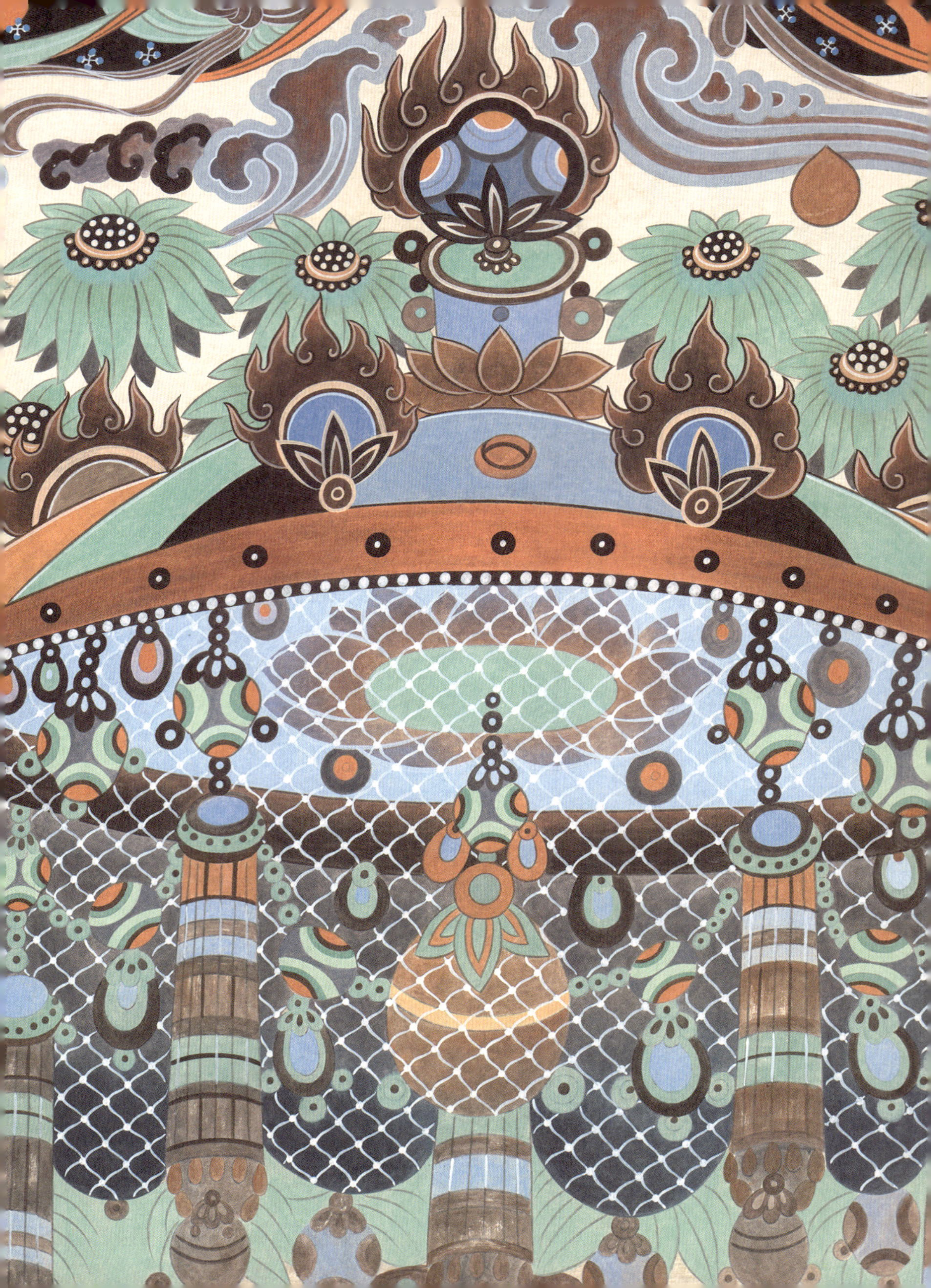

大千世界

槐夏

日永知槐夏,
云黄喜麦秋。
——〔宋〕黄庭坚《慈孝寺饯子敦席上奉同孔经父八韵》

城楼建筑―法器宝物―花草树木

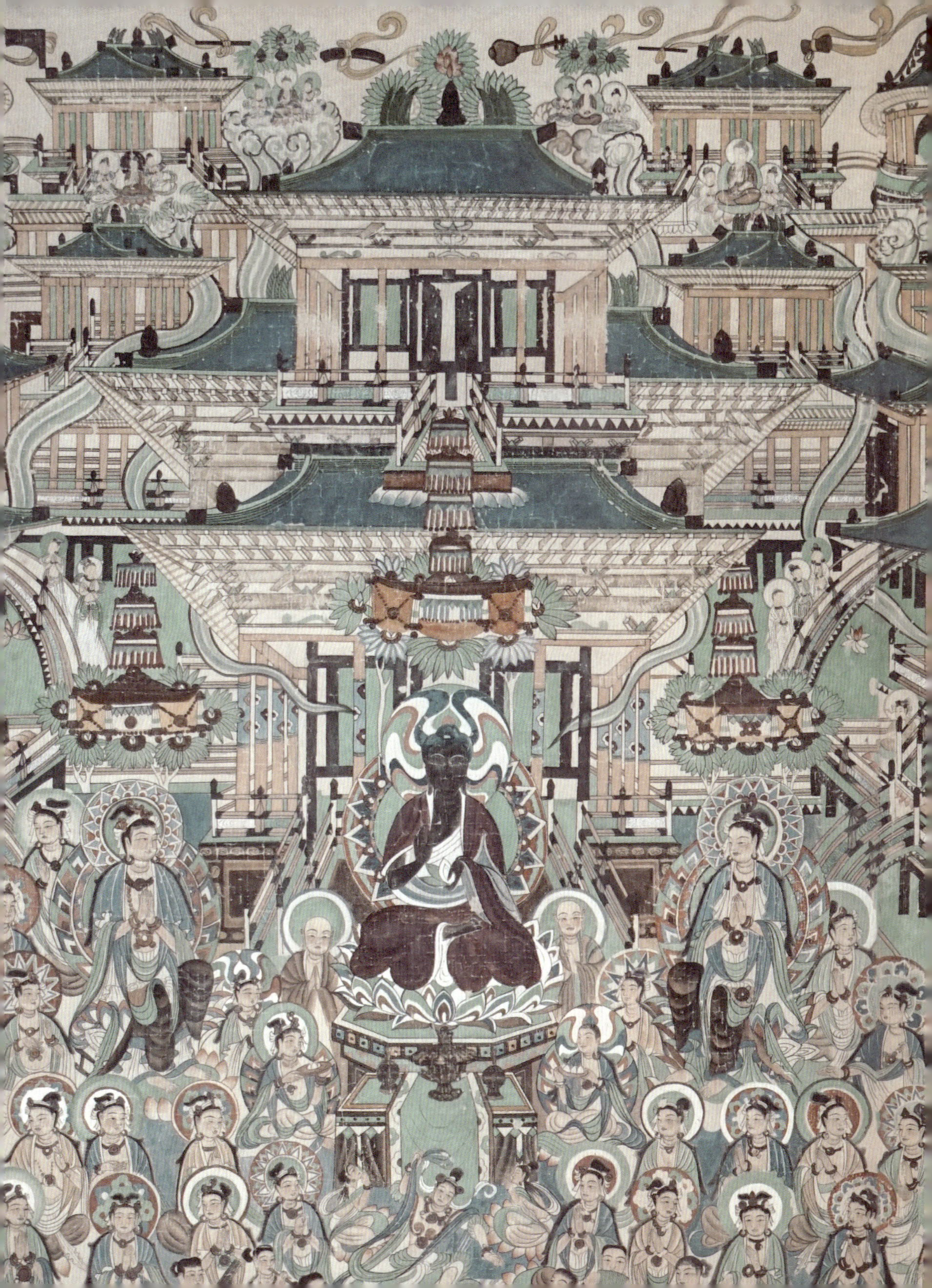

大千世界

敦煌壁画中除了飞天、九色鹿、天龙八部这些让人印象深刻的形象，还有许多"边边角角"值得我们探究。

城楼建筑：

当年的画师们是如何想象出"佛国世界"的点点滴滴的呢？最好的办法就是参考当时的现实世界。而今天绝大多数唐代木结构建筑都毁于战火（除了五台山的佛光寺和南禅寺），所以我们通过壁画才能欣赏到当年唐代建筑的"时光照片"，体会到它们的磅礴气势。

法器宝物：

佛和菩萨们所使用的那些神圣道具或者常用器物，往往象征性和实用性兼备。

花草树木：

敦煌壁画这个魔幻世界中，既有现实中我们非常熟悉的花花草草，也有来自远方的圣树，如菩提树、龙华树等。它们有的是本土的植物，有的则来自远方，还有的甚至来自画师的想象。

佛光寺　摄于山西五台县

槐夏元日

立夏 初候·蝼蝈鸣

"秦川雄帝宅，函谷壮皇居。"
——《帝京篇》唐 李世民

保留至今的唐代建筑物

提到古代建筑，我们往往会想到故宫。而我们从古代文献中得知，唐长安的北京城比明清（包括外城在内）大三分之一；以宫殿为例，唐长安大明宫比紫禁城大四倍还多。如此巨大的宫殿群，彰显出大唐王朝处于盛世顶峰的宏伟气魄。

可惜出于种种历史原因，我们今天几乎很难看见唐代的建筑群。庆幸的是，在遥远的敦煌的唐代壁画中，留存了数以千计的唐代建筑画面，有宫殿、阙、佛寺、塔、城、住宅等。有许多是以完整的组群形式出现的，可以清晰地看出当年建筑的群体构图。

今天可以从敦煌壁画中看到的唐代建筑，在某种程度上弥补了我们的遗憾，如敦煌唐代大型壁画《西方净土变》（包括《观无量寿经变》和《阿弥陀经变》）和《东方药师变》，画出了以古代佛寺为蓝本的宏大建筑组群。这些建筑画的特点是在整体上采用了俯视角度的"透视画法"，使全景得以充分显现。

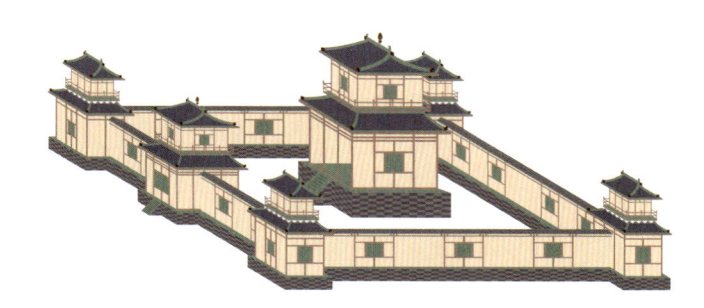

为什么今天我们几乎看不见唐代的建筑？

由于历史上那些破坏性极大的战争和拥兵者的残暴，加之古代建筑多为木结构，易遭火灾，曾经存在的伟大建筑很难保存下来。根据考证，唐代留存至今的完整木构建筑不过两座，即中唐时期的南禅寺和晚唐时期的佛光寺，均位于山西五台山地区。

3 藏在壁画中的五台山 P121

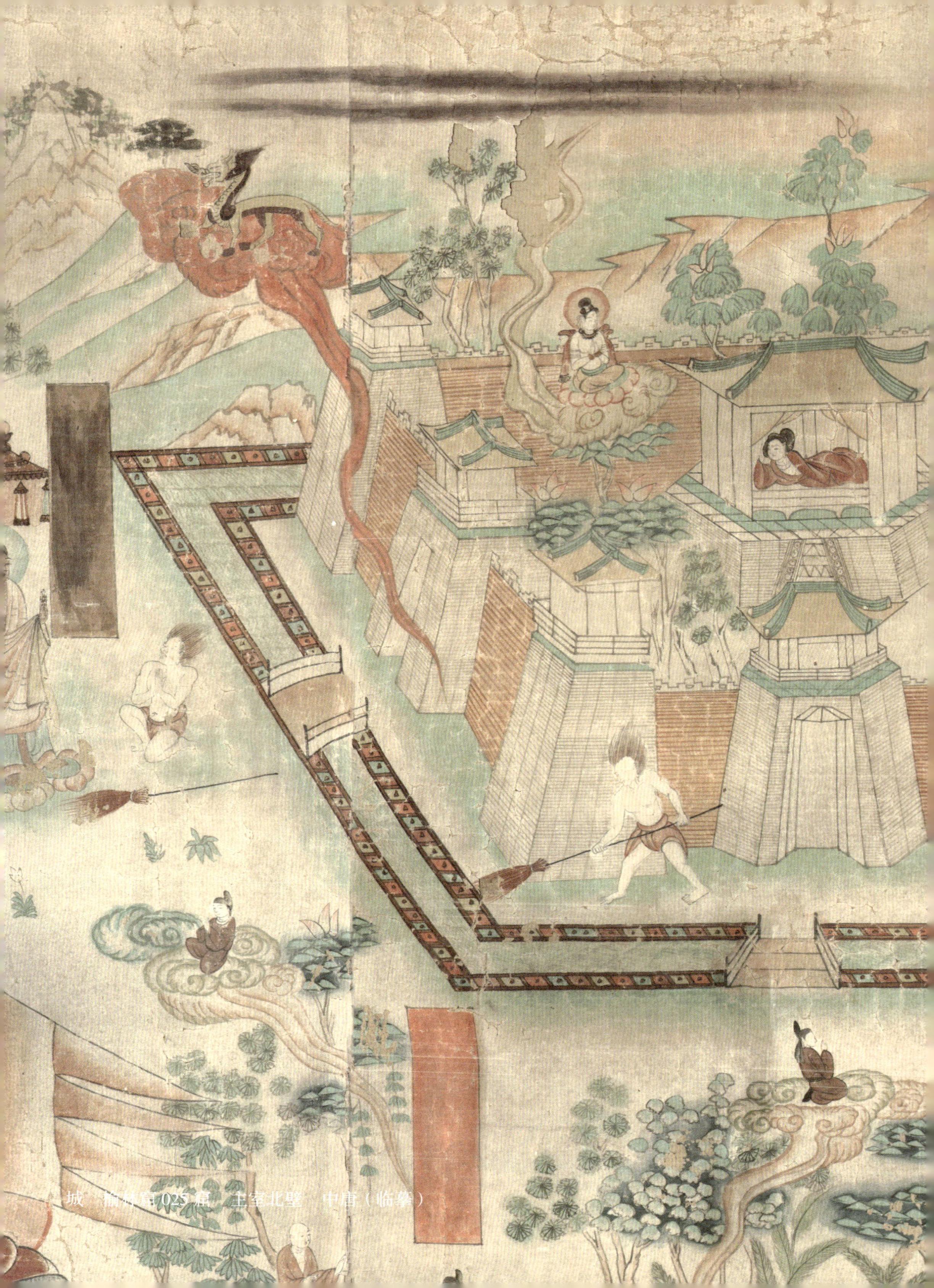

城　榆林窟 025 窟　主室北壁　中唐（临摹）

槐夏丙日

立夏 初候，蝼蝈鸣

"长烟落日孤城闭。"
——《渔家傲·秋思》宋 范仲淹

画一座城

"城"一词最早见于战国时期，指城邑四周的墙垣，里面的叫"城"，外面的则叫"郭"。自古以来，城起着重要的防御和保护作用。城门承担着进出的功能，一个城池通常在东西南北四个方向都设有城门，这主要是根据道路交通和军事防御目的而定的。

城门上通常建设城楼，一方面是标识城门的位置，另一方面可以远观敌情。一般我们看到的城墙都是一条直线，而古代城墙每隔一段就会向外修建一个凸出的墩台。除了加固城墙，墩台还是重要的防御设施：城内的守军站在墩台上可以攻击城墙下的敌人，减少防守的死角。西魏时期人们在壁画中已经表现出墩台了。

敦煌壁画中，城是重要的绘画对象。不过画师一般会忽略城中的种种细节，只绘制城墙和主体建筑。画师对城的刻画通常是象征性的，为了代表"这是一座城"。

对照敦煌壁画中对城的描绘可以发现，敦煌壁画中城门上的门钉和铺首大多与今天相同，城墙上也多有腰墙和垛口，但后世常见的长城和烽火台，在壁画中并没有特别的描绘。

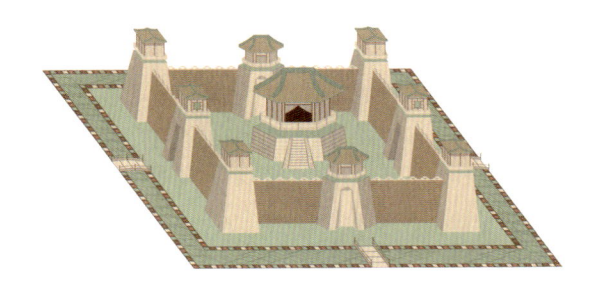

古代城还有别的含义吗？

城在古代还引申为国、国家的意思，如中央之城就是中央之国的意思。

角楼　莫高窟 217 窟　南壁　盛唐（临摹）

槐夏 戊日

立夏 初候，蝼蝈鸣

"猛烧侵茶坞，残霞照角楼。"
——《桐江闲居作十二首》 唐 贯休

城必有角，角必有楼

角楼，顾名思义，就是古人在城墙的四角所修建的楼。在观看壁画的时候，你会发现敦煌画师们所画的每一座城角几乎都有这样的设计。

为什么要设计角楼？这是古代城墙防御职能的遗留。角楼起到观察敌情的作用，上面设有箭窗来增强城的防御能力，同时角楼也具备非常强的装饰作用。今天我们在北京仍然可以看到故宫的角楼，不过和故宫繁复的角楼相比，敦煌壁画中所见则比较简单，结构与门楼相同，比城门楼要矮小。

敦煌壁画中，寺院的围墙必有角楼，城墙更必如此。由此可见，中国古代建筑设计的基本原则，从一个院落至一座城邑，往往是一致的。尤其是宗教建筑和非宗教建筑之间并无太大差异，这点和西方有所不同。

除了角楼，古代城市还有哪些防御措施？

古代城市是战争中重要的争夺目标，攻城和围城之战都很常见。所以古人会围绕城墙开挖一条护城河，让进犯的敌人很难通过，难以到达城墙下。除了护城河，古人还会设计墩台、敌楼和瓮城等，来加强城墙的防御功能。

殿堂　莫高窟 061 窟　主室南壁　五代

槐庚夏
立夏　初候，蝼蝈鸣

"春城雨雪霁，古寺殿堂明。"
——《送彬座主赴龙安请讲》唐　齐己

殿与堂

在我们的印象中，殿堂几乎代表了场所的最高级别。因为，殿堂通常是整个建筑群中最高大恢宏的建筑、敦煌壁画中的佛通常端坐在这里。

虽然统称殿堂，但其实殿和堂并不完全相同。

二者规模不同。殿的规模要大于堂。殿是宫殿等的主体建筑，规模巨大。堂则是平时居民供祀祖先或商议要事的场所，规模较小。

二者等级不同。殿一般用作皇家的主要建筑，被精心布置在实景或画面的中轴线上，例如故宫的太和殿；殿的装饰要求对称均衡，注重外观的宏伟和庄严。而"堂"一般用作普通官吏、平民百姓家的正房，也可用于皇家建筑中，但只能被布置成次要建筑，堂的装饰则更注重内在的庄重和肃穆。

二者使用场合不同。殿多用于礼仪和政治活动，如朝见、册封、庆典等。堂则多用于居住等日常生活场景。

殿堂的周围还会建造配殿、回廊、角楼等进行装饰。从实用角度考虑，建筑的主要殿堂前常常有许多盛大的活动，一般需要较大的空间。

敦煌画师在画面中如何处理殿堂的位置和关系？

在大殿的前面需要一个较长的视距以便完整地展现场景全貌。前殿前面的院落最大，一般有佛说法的场面和热烈的歌舞。在画面构图上，高大的殿堂本身和各院落之间会形成主客关系。

2 鱼骨透视法 P229

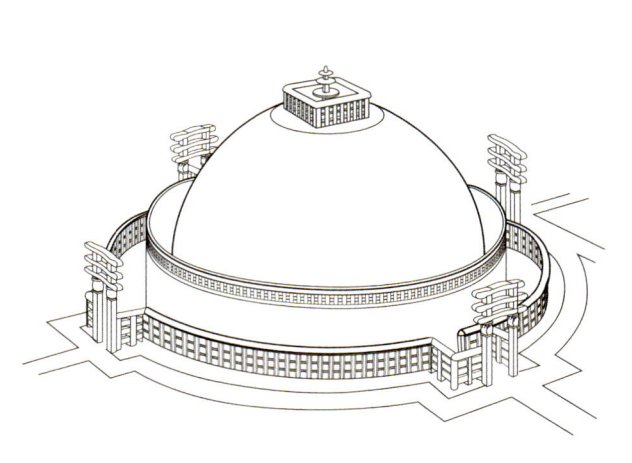

印度桑奇大塔

印度西北部小塔

中国河西小石塔

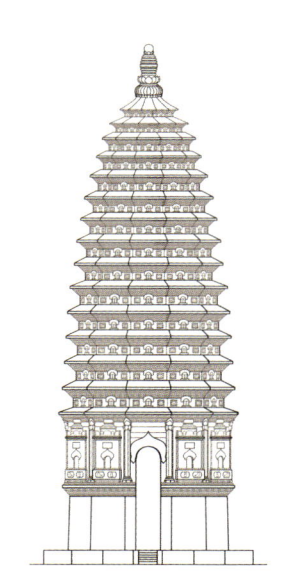

中国河南嵩岳寺塔

塔的演变示意图

槐 壬 夏
日

立夏 初候，蝼蝈鸣

"救人一命，胜造七级浮屠。"
——《西游记》明 吴承恩

"塔"的起源

　　在佛教传入中国之前，中国并不存在"塔"字，直到隋唐时期才有翻译家从佛经中演绎创造出"塔"字。其中"浮屠"就是佛塔的音译，七级浮屠指的就是七层塔（佛教中七层佛塔是最高等级的佛塔）。

　　在早期的佛寺中，塔是佛的象征。据《阿育王经》记载，佛陀灭度百年后，阿育王搜集佛舍利，建八万四千塔供养。如此一来，塔这一形式，便真正地登上了历史舞台。

　　中国塔的前身是古印度的"窣堵波"（又称窣堵坡），是用来供奉佛舍利的建筑。据说佛在圆寂之前，将佛钵倒扣于地面，锡杖置于佛钵之上，于是形成了窣堵波的雏形——覆钵式佛塔。

　　"塔"是佛寺的中心建筑。北朝石窟中盛行的中心塔柱式石窟形制也可以说是它的滥觞，符合佛教徒绕塔巡行礼赞的要求。

　　不过塔进入中国之后，造型和功能逐渐发生变化，结合中国建筑的风格后，其宗教意味慢慢淡化，成为我们所熟悉的日常建筑。

塔从形式到功能的演变是怎样的？

　　窣堵波是早期塔的雏形：呈钟形，前面设门，下面有方形台基，塔身画有花纹装饰，塔顶有七重相轮和一宝珠。随着演变，相轮越来越大，并结合中国楼的建筑风格，形成了中国风格的塔。早期塔主要用于供奉佛舍利、佛像、佛经、高僧遗体，所以早期佛教徒将塔作为对佛的崇拜。不过发展到后来，中国塔已经和最初传入的印度佛塔大不相同，形成了以重楼为基本元素的中国化建筑物，从功能上也逐步发展出镇守等引申意义，如"宝塔镇河妖"。

② 中心塔柱窟 P147

阙　莫高窟257窟　西壁　北魏（临摹）

槐 甲日 夏

立夏　二候，蚯蚓出

"不知天上宫阙，今夕是何年？"
——《水调歌头·明月几时有》宋　苏轼

宫阙的"阙"

我们经常在古诗文中看到"宫阙"一词，其实"阙"是独立的存在。在西周时，阙这种建筑形态作为礼制的象征是有严格规制的——阙只能建在宫门之外来标表宫门。形制上是两座孤立的台，台上有屋，表示这是入口，以壮观瞻。除了显示威严，阙还有登高远观的功能。"宫阙"一词就是这段在宫门口立阙的历史的结品。

从汉代开始，阙已非宫门专用，贵族官僚在自己的宅第也可建阙，功能也由最初的"显示威严、供守望用"，演变为"显示门第、区别尊卑"。

从敦煌壁画中可以看出，北魏时阙是常见的建筑。敦煌壁画中，在宫门、城门两侧设高台，台上起楼观，常用来表示宫廷这一帝王居住的地方（我们所熟悉的《九色鹿》故事里就能看到这样的表达）；弥勒菩萨被塑在阙形龛内，借此表示兜率天宫。

"阙"还有什么别的含义吗？

"阙"形从门，音从缺。双阙之间并没有连接，与门相比，是空缺的，所以"阙"也可以引申出"空缺、不完善"的意思，如成语"拾遗补阙"。

九色鹿故事的渊源 P006

216 / 217

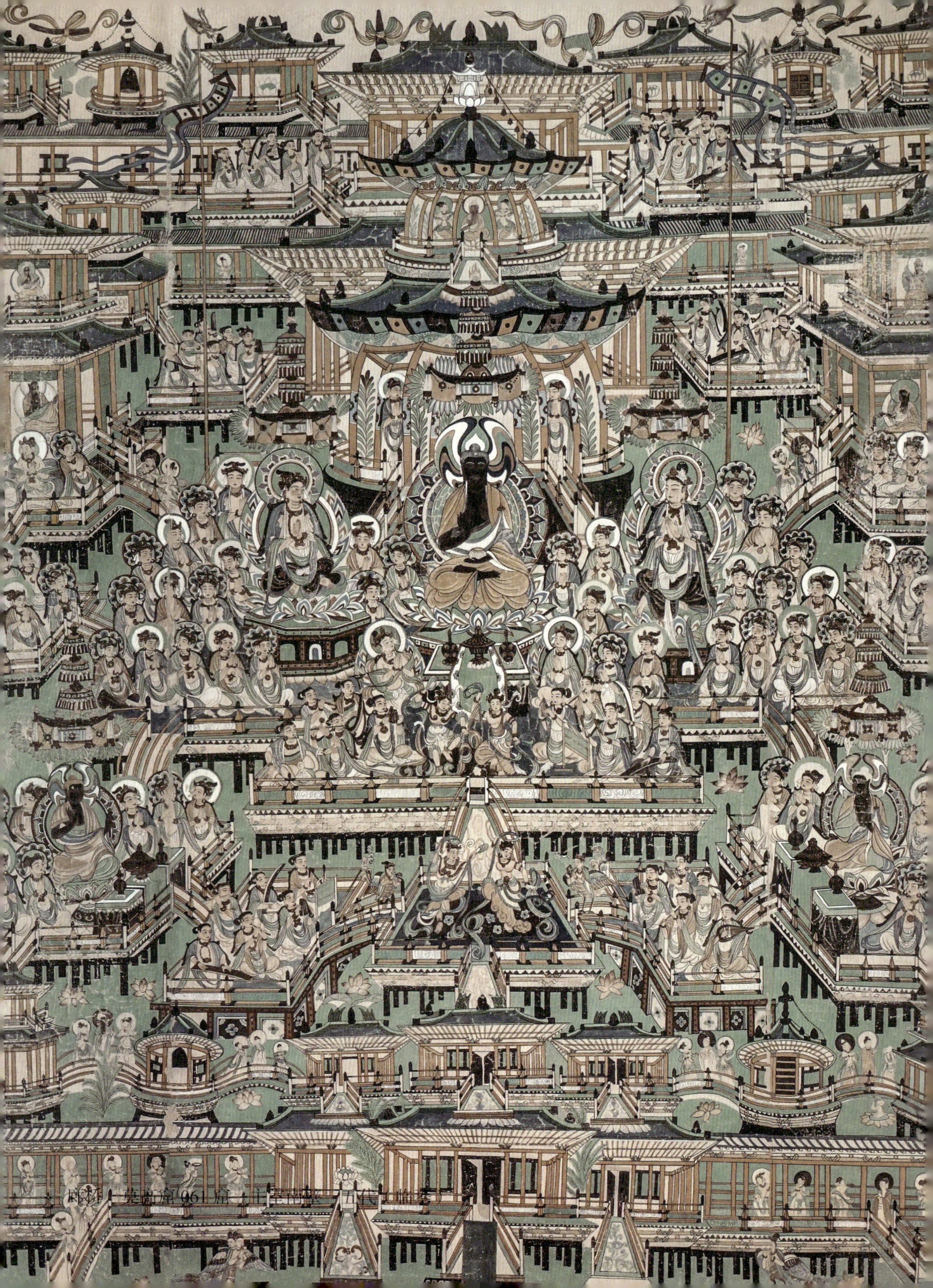

立夏 二候，蚯蚓出

"独绕回廊行复歇，遥听弦管暗看花。"
——《清明夜》唐　白居易

廊的必要性

在中国古代建筑群中，廊几乎是不可缺少的构成，在寺庙、园林和住宅中都有重要作用。

廊，其实就是有顶的过道。廊既是建筑的组成部分，也是构成建筑外观特点和划分空间格局的重要手段。如围合庭院的回廊，多沿着建筑群的外围周绕一圈，联系起主要建筑物和其他建筑物。

从功能上讲，廊有遮阳、防雨、小憩等功能。雨雪天时，廊是人们的交通要道；举行仪式时，廊是最理想的排列仪仗侍卫的地方；庙会节日时，廊往往又是许多寺庙中的摊贩市场。

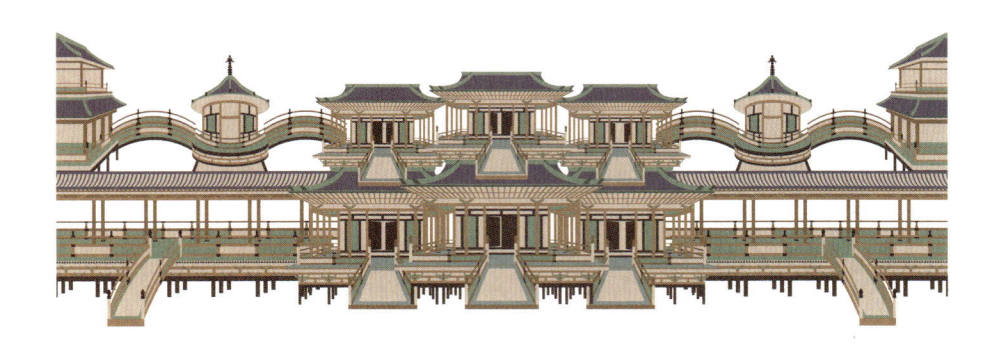

廊和画廊有什么历史渊源吗？

"画廊"一词在我国早已有之。隋唐五代时期的佛寺，其主体建筑院落之间由回廊连接，回廊上常绘有壁画，这就是古代中国最早的画廊。

在文艺复兴时期，人们把散步或陈列画像、画作的狭长房间称为廊。这些廊慢慢发展成收藏、展示和销售美术作品的场所，因此被称为画廊。后来，画廊的概念就逐渐演变成那些专门展示美术作品的空间。

大福圣寺　莫高窟 061 窟　西壁　五代（临摹）

槐夏丁日

立夏 二候，蚯蚓出

"自汉以来，三公所居谓之府，九卿所居谓之寺。"
——《左传》

寺与庙

今天我们提到寺庙，往往理解成烧香拜佛的地方。但寺最早并不是为僧人所设的专门处所。

寺，在古代专指皇帝的行政机构，包括办事机关和教育机构，比如"大理寺"，就是中国古代掌管刑狱的官署。汉明帝期间，专门成立了翻译佛经的官方机构，为了纪念驮回经书的白马，将其取名为"白马寺"。由于朝廷并不禁止百姓进白马寺内听高僧讲经，因此去寺庙拜佛求经的信众就越来越多。这样，洛阳的白马寺就成为中国的第一座佛寺。隋唐以后，寺作为官署代名词使用的情况越来越少，才逐步成为中国佛教建筑的专用名词。

由此可见，比起西方建筑中教堂和普通人的住宅之间的差异，中国的宗教建筑和非宗教建筑自始就没有根本区别，而且相互借鉴甚多。有人开玩笑说，今天我们看到的寺庙，就是把"印度的塔搬到了中国的四合院里"，所以形成了从山门、天王殿、大雄宝殿到藏经阁的四进典型结构。

寺和庙有什么不一样吗？

今天的我们通常会将"寺庙"作为一个词使用。其实寺是寺，庙是庙，两者供奉对象和来源不同。自从汉明帝之后寺中便供奉着庄严的佛，除佛以外很少供奉其他存在。但在庙里可以供奉祖先，也可以供奉神鬼或历史上的圣贤。比如供奉皇室祖先的"太庙"，供奉土地公的"土地庙"，供奉孔子的"孔庙"。随着时间的推移，"寺"和"庙"才逐渐被合并。

城门　榆林窟025窟　南壁　中唐（临摹）

槐夏 己日

立夏 二候，蚯蚓出

"苔藓山门古，丹青野殿空。"
——《秦州杂诗二十首·其二》唐 杜甫

一寺三门

寺庙的门到底是"山门"还是"三门"呢？

古代寺院为了避开世间尘俗，大多建于山林之间，因此其门称"山门"。后世即使是造于闹市中的寺院，也会保留山门的称呼。

不过，一般寺庙都有三个门，山门也称"三门"。三个门，象征着"三解脱门"，即空门、无相门、无愿门。所以，出家为僧也常被说成"遁入空门"。

除了寺庙的门是三个，敦煌壁画中的城门通常也是三个（也有其他数量的，如左图）。中国最早的建筑指导说明书《考工记》里如此记载："匠人营国，方九里，旁三门。国中九经九纬，经涂九轨，左祖右社，面朝后市。"就是说建一座王城，一般每个方向都开三座门，门里有三个门洞。

唐代以前，建筑师们一般都按照"一门三洞"的原则来修建城门，这是封建政治礼制的要求。宋徽宗的时候为了强调威严，改成了"一门五洞"，并演化出了"中间走皇帝，两边走大臣"的等级划分。

为什么敦煌壁画中的城门看起来常常是"瘦高瘦高"的？

敦煌画师对于城池的刻画通常采用象征手法。出于绘画的考虑，画师笔下城的面积不大，往往只容纳一两栋建筑。又因为建筑物比例大多写实，且城墙高度不能太低，所以城门自然看起来就极为瘦高。

亭台楼阁 榆林第25窟 南壁 中唐（临摹）

槐夏 辛日

立夏 二候，蚯蚓出

"长亭外，古道边，芳草碧连天。"
——《送别》 近代 李叔同

亭台楼阁

亭，寓意着休憩与停留，是我国一种极为古老的传统建筑，常设于道路之侧，供行人歇脚或赏景之用。园林中的亭，正是将野外路旁之亭的意境移植于园林中。

台，乃我国古代常见的建筑形式（后世较为鲜见）。这种高于地面的平面露天建筑，在敦煌壁画中屡见不鲜，主要供人们休憩、远眺、娱乐。以台为基础的建筑，往往显得巍峨壮观。

细观敦煌壁画，可以发现，层楼已成为当时典型的建筑风格。正殿、配殿、角楼等多达两层甚至三层，错落有致。

阁，指底部架空、底层高悬的建筑，平面呈方形或多边形（比起来，楼的形态通常狭长且高耸），常为两层，用于远眺、游憩、藏书或供佛。阁在建筑群中可占据主要位置，如佛寺中的藏经阁。早期的楼与阁在命名上有严格区分，然而后世二者之间的界限逐渐模糊。

为何女子出嫁又称出阁？

古时崇尚三从四德，女子需严守闺门，不越雷池一步。未出嫁的女子通常居于阁楼之上（阁即为闺房，一般仅密友和家人方可进入）。

镇国七宝　榆林窟 025 窟　主室北壁　中唐（临摹）

槐官 夏日

立夏 三候，王瓜生

"佛教七宝凡有二种，一者七种珍宝，二者七种王宝。"
——《翻译名义集》

镇国七宝

在庄严肃穆的弥勒初会供案及其两侧，摆放着翅头末城国王儴佉王供奉给弥勒的七件镇国宝物：中央供案上，璀璨夺目的摩尼宝珠居中，左侧是金光闪闪的金轮宝，右侧则是一尊珍贵的宝函，内藏无尽珍宝；供案右侧，一头洁白无瑕的大象与一位温婉的女子相对而立，分别是象宝与女宝；左侧则是一匹骏马，伴着整装待发的士兵，代表着马宝与兵宝。

①金轮宝，其形象为金色的巨轮，象征着帝王的权威；

②象宝，以力大无穷且性情温和著称，形象为六牙白象；

③马宝，代表着迅速到达的交通能力，其形象为一匹红玛瑙般的骏马；

④珠宝，又称"摩尼宝珠"，其形象为能满足一切愿望的如意珠宝；

⑤女宝，寓意着宁静美好，形象为一位容颜端正、言谈柔和、举止优雅的美女；

⑥兵宝，象征着战胜一切敌人的力量，形象为一位英勇无畏的武士，是军队力量的化身；

⑦主藏宝，其形象为一个宝盒，是国家珍贵宝藏的化身。

为什么叫镇国七宝？

除了上面的七种王宝，佛教七宝还有一种解释是七种珍贵的珠宝金玉，即金、银、琉璃、珊瑚、琥珀、砗磲、玛瑙。据说这七种宝物，可助国家兴盛，故称为"镇国七宝"（又称"弥勒七宝"，是识别"弥勒经变"的标志之一）。

2《弥勒经变》（上）——龙华三会 P113

莲花座　莫高窟045窟　北壁　盛唐（临摹）

槐夏 癸日

立夏 三候，王瓜生

"池中莲花，大如车轮。"
——《阿弥陀经》

处处莲花，花开见佛

当我们走进寺庙时，会发现莲花几乎无处不在，连菩萨佛祖的宝座都被雕刻成了莲花形状。

莲花和佛教的关系可谓非常紧密。传说佛祖诞生之时，脚踩莲花，东南西北各走七步，步步生莲。莲花常见有两个原因，一是莲花是古印度的常见植物，象征着美好和清净；二是，莲花拥有出淤泥而不染的属性，象征着众生所拥有的佛性，可谓"花开见佛"。

据说释迦牟尼和观世音菩萨颇爱莲花，所以几乎所有寺院里的佛像都以莲花为宝座，被称为"莲花座"。佛说法时，每每坐于莲花座上，双腿交叉、足心向上，这种坐姿也被称为"莲花坐姿"。

莲花座下面的台座叫什么？

莲花座一般作为佛像、菩萨像的台座出现。而安置台座之下的基石，被称为"须弥座"。须弥座，又称金刚座，象征着佛教圣山须弥山。传说中，须弥山是佛教世界的中心，用须弥山作为佛像的底座，可以凸显出佛的庄严。

2 莲花纹——有佛之处必见莲 P179

燃灯女　莫高窟 220 窟　主室北壁　初唐（临摹）

槐夏政日

立夏 三候，王瓜生

"灯树千光照，花焰七枝开。"
——《正月十五日于通衢建灯夜升南楼诗》隋 杨广

灯树千光照

灯除了有照明的功能，往往还象征着温暖和希望。《维摩经》中提到"无尽灯者，譬如一灯，然百千灯，冥者皆明，明终不尽"，就是要用心里的明灯照破代表无明的烦恼。

燃灯，不仅是佛前的供养方式，也是民间过节的重要方式，如上元节燃灯（就是我们熟悉的元宵节闹花灯）。

莫高窟 220 窟北壁西侧的《乐舞图》，绘制了天女们点灯以配合夜间乐舞的场面。左侧的灯座上立着细长的立柱，上面有五层灯轮，每一层的圆圈宛如车轮，多数灯座里都已安放点燃的灯，只有少数灯座尚是空缺，表明了两位天女正在进行传递点灯的准备工作。

燃灯习俗是如何普及的？

由于人类对黑夜的禁忌与恐惧，历代统治者对帝都的夜间均施行"宵禁"。而为了方便官邸、百姓通宵燃灯，汉明帝特许于正月十五"烧灯"时"放夜"，这也是中国历史上第一次由皇帝颁旨燃灯的日子。各地主要寺庙率先响应，除元夜大张灯火，凡佛教节日、庆典、祭祀活动等均要燃灯，后传至民间，与元宵民俗相融合，形成了今天元宵观灯的重要习俗。

香炉　榆林窟25窟　主室南壁　中唐（临摹）

槐夏尧日

立夏 三候，王瓜生

"博山炉中沉香火，双烟一气凌紫霞。"
——《杨叛儿》唐 李白

焚香：古人每天都会做的事

今天，似乎只有去寺庙烧香时才会见到香炉，而古人几乎每天都会使用。

我国焚香的历史极为悠久，香炉可以追溯到商周时代的"鼎"。据说在祭祀祈福中，人们发现在鼎中焚烧香料时会有好闻的香味，于是开始将鼎缩小制作成香炉，以供日常焚香使用。自汉代起，贵族们开始流行熏香。两汉时期，博山炉已盛行于宫廷和贵族的生活之中。

唐代时，佛教的兴盛推动了香文化的繁荣。在唐代的上层社会，男男女女天天生活在香云缭绕的环境中。这时候开始流行"隔火熏香"，并不直接将香料放入火中燃烧，而是放入香炉中隔火慢熏。这种方式产生的香气更加温润。

到了宋代，香文化发展愈加盛大，"焚香"位居四雅（焚香、饮茶、挂画、插花）之首。无论是抚琴作画，还是谈诗论道，宋人无时无处不在焚香。宋代香器多为瓷器（瓷质香炉最早出现在东吴），并且开始流行三足瓷炉（据说由商周时期的青铜鼎演变而成）。

香炉对古人有多重要？

古人认为，通过焚香所产生的香气可以与神灵沟通，达到天人合一的境界。而香炉作为与神灵连接的载体，则成为这一礼仪中必不可少的礼器。

手持柄香炉 P235

引路菩萨所持柄香炉　藏经洞　唐（临摹）

夏 帝日 槐

立夏 三候：王瓜生

"映山黄帽螭头舫，夹道青烟鹊尾炉。"
——《寒食未明至湖上太守未来两县令先在》 宋 苏轼

手持柄香炉

人们印象中，香炉通常是置于桌子上的坐式香炉。那你见过拿在手中的柄香炉吗？

柄香炉，又名行香炉。形似汤勺，以焚烧香丸、沉香木块为主，方便上堂时以手持之。据说这种香炉的出现与佛教中盛行的行香法会有关。

当西方香料通过丝绸之路输入东方，世俗和宗教两个世界的行香之风流行开来，上至宫廷下至民间。自南北朝起，朝廷每年都会举办行香法会。行香炉，是行香法会中最为重要的器具之一。

南宋《演繁露》云："东魏静帝常设法会，乘辇行香，高欢执炉步从。"法师说法时，主斋者手持香炉，引导仪仗绕佛像、坛场或街市巡行，以表达对佛的礼敬。这种习俗，在唐宋时尤为流行。今天的我们可以通过敦煌壁画来看唐代香供养文化的盛况。

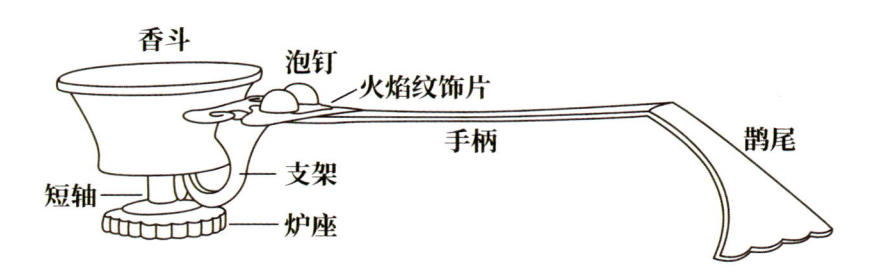

（图：香斗、泡钉、火焰纹饰片、手柄、鹊尾、短轴、支架、炉座）

柄香炉是不是只能手持？

古人巧妙地设计了柄香炉的应用场景，不仅行走时可以手持使用，也可以直接放置于桌上。这种长柄行香炉由炉斗、炉柄和连接的支架组成。其长柄尾端向下弯折，使得香炉多了一个支撑点，因其形似鹊尾，所以又被称为"鹊尾炉"。鹊尾炉一物两用，甚是方便。

焚香：古人每天都会做的事 P233

华盖　莫高窟 320 窟　主室南壁　盛唐（临摹）

华盖　榆林窟 025 窟　主室西壁　中唐（临摹）

华盖　榆林窟 025 窟　主室南壁　中唐（临摹）

槐夏 哲日 小满 初候，苦菜秀

"华盖，黄帝所作也。与蚩尤战于涿鹿之野，常有五色云气，金枝玉叶，止于帝上，有花葩之象，故因而作华盖也。"
——《古今注·舆服》晋 崔豹

华盖

华盖，原指帝王车上的伞盖。壁画中的华盖图案一般被描绘于佛祖、菩萨等佛教人物及帝王、有显赫地位的供养人物头顶上方，以显示尊贵或障日避雨。

《法华玄赞》云："西域暑热，人多持盖，以花饰之，名为华盖。"从早期的十六国到隋唐，直至五代、西夏、宋元各个历史时期的壁画中都有风格迥异、各具特色的华盖图案。

敦煌壁画里最为尊贵的一种华盖当属"莲花华盖"。到了唐代，华盖图案已经进化得非常华美，伞盖变得越来越丰满，有复杂绚丽的璎珞垂幔装饰，非常有立体感。垂幔上往往还绘有随风摇摆的铃铛，观者似能听到悦耳的叮咚之声。

敦煌石窟中，华盖通常是与藻井相互呼应的。当信徒们在洞窟中顶礼膜拜之时，抬头仰视，就能看到佛和菩萨头顶的华盖威严夺目、美轮美奂；再仰望头顶，又看见藻井熠熠生辉，顿生对佛法的敬畏和向善向美之心。

敦煌壁画中的华盖与现实中的华盖有什么区别？

现实世界中，华盖作为身份尊贵者的象征，通常会由数名侍从举起，或者被固定在所乘坐的车驾上。而当华盖被引入壁画的天国世界后，自然就不用那么吃力，可以自己悬在空中，这样更加彰显出非凡的天国氛围。

药师佛手中的锡杖　榆林窟025窟　主室东壁　中唐（临摹）

槐夏明日
小满 初候，苦菜秀

"过去、未来、现在诸佛皆执故，又名智杖，彰显圣智故，亦名德杖，行功德本故，圣人之表帜，贤士之明记，道法之正幢。"
——《锡杖经》

锡杖

唐僧手中所持的九环锡杖，是佛祖赐给取经人的法宝之一。

"锡杖"的缘起，还要从天竺僧人外出乞食的习俗谈起。据说释子外出乞食时，最初没有经验，默然而入人家，不受欢迎；佛指示可以"作声警觉"，于是再去的时候就"呵呵作声，喧闹而入"，结果更不受欢迎。这时佛说"不应打门，可作锡杖"，并且讲了锡杖的制式——杖头安环，圆如盏口。安小环子，摇动作声而为警觉。名为"锡杖"，意取"锡锡"作声，相当于小贩在主顾门口摇铃，所以又称为"声杖""鸣杖"。若遇到恶狗，举起杖来吓唬吓唬就好；若到了不信佛人家的门口，摇动锡杖好久还不见有人出来，便不应多摇，摇二三次，无人问便离开。

由上可见，锡杖最早就是僧人敲门化缘兼防狗的工具。而在佛法传播中，僧人给原先的功能用具赋予更为神圣的意义，锡杖成了一种手持的标志性法器，和王者的权杖、魏晋名士手中的麈尾、教师的教鞭等性质类似。锡杖含义的变化，对提高僧人的地位大有帮助。

敦煌壁画中锡杖还有什么特别含义？

法师常执持锡杖以表现其威仪。而敦煌壁画中锡杖是我们识别人物的重要道具，它大多为药师佛所持，也常为地藏菩萨、迦叶、阿难等所持。

2 东方净琉璃世界之主 P057

乐舞　莫高窟061窟　主室南壁　五代（临摹）

> 槐夏 正日
> 小满 初候，苦菜秀

"公莫舞，今之巾舞也。"
——《宋书·乐志》

披帛

敦煌壁画中的飞天，最神奇的地方在于：只需一条飘带，就可以自由飞舞在空中。这靠飘带起舞的方式，和西方丘比特的翅膀比起来，充满了东方浪漫主义的魅力。飞舞的飘带，一方面成为飞天的典型特征，另一方面也为画面增加了动态美。

那么关于飞天的飘带，画师们有现实的灵感来源吗？在敦煌壁画经变画中，你会看见有舞者手持披帛而舞，多为独舞，也有多人舞。和飞天的飘带自然飘浮在空中不同，现实舞者要分出精力来控制帛巾的形态，让帛巾成为自己身体的一部分，收放自如。多人舞蹈则需要相互配合，挥舞帛巾的力道控制和舞台上的定点都至关重要，每一步都要反复练习，才能配合出一幕完美的巾舞。

莫高窟壁画中，帛巾在舞者的挥舞下显得无比灵动，仿佛被赋予了生命，如此巧妙的表演，在现实生活中应该是很难看到的。

巾舞在现实世界中存在吗？

敦煌壁画往往取材于现实世界，以此来表现理想世界。在古代，巾舞是中国著名的杂舞之一，舞者手持巾而舞，因此得名。表演者多为女性，所持之"巾"有长短之分，多用绸条制成。巾舞还有一个"公莫舞"的别名。据说当年项羽宴刘邦于鸿门，席间项庄拔剑起舞欲杀刘邦；项伯也离座起舞，以袖相隔并说"公莫！"——故以此命名。

飞天？飞仙？羽人？P075

持幡菩萨 榆林窟 025 窟 主室西壁 中唐（临摹）

槐夏 学日 小满，初候，苦菜秀

"不是风动，不是幡动，仁者心动。"
——《六祖坛经》

风吹幡动

在敦煌壁画中，我们经常会看见菩萨的身边有"幡"，它看上去是用竹竿等挑起来、直着高高挂起的长条形旗子，象征着佛或菩萨的威德。

幡一般由四部分构成：幡头——三角形，幡身——长方形，长幡手——在幡头之下幡身的两侧有两条，幡足——幡身之下有若干条垂饰。

关于幡，有一个经典故事广为流传。两位僧人围绕"经幡被风吹动"的现象进行辩论，一人说是风在动，另一人说是幡在动，争论不已。而这时候慧能却说：不是风动，也不是幡动，而是人心在动。无论是风动还是幡动，都是指外境的变化，而实质上是人的内心受到了影响，所以是"心动"。

幡与幢有何差别？

幢与幡皆属于旌旗类，是表现道场庄严的供养具。不过从形状上分，幡一般是扁形，幢是长筒形。佛教徒们在幡上书写经文，因为他们认为佛经会迎风而诵。而中原佛教流行将经文刻在石头上，"经幢"就演变成我们常在寺庙中看见的写满经文的石柱。

药师佛手中的佛钵　莫高窟061窟　主室南壁　五代（临摹）

槐夏平日

小满 初候，苦菜秀

"尔时世尊食时，著衣持钵，入舍卫大城乞食。"
——《金刚经》

佛钵

《西游记》中唐僧师徒经常要去化缘果腹，唐僧所持的用来化缘的碗就是"钵"。

作为一种食器，钵在僧人游历的路途中有重要的作用，它能够帮助僧人解决吃饭问题。今天我们几乎不会看到拿钵化缘的僧人，不过在古代托钵化缘是佛教的一大特色，僧人在游历中没有食物来源，就会托钵到百姓家化缘。

佛钵，特指佛陀所持用之食钵。关于佛钵还有一个神话传说，据说佛初成道时，四大天王各供养了一个钵给他，为了不辜负每一位天王，佛用神力将四个钵合成了一个。

钵除了吃饭，还有什么特别的用处？

钵和袈裟一样，是佛的重要信物，可用佛钵来借代佛的存在，据说达摩来到中国后，师徒间传法常以衣钵为信物，所以有"衣钵传人"的说法（现在被引申为师徒间技艺的继承）。佛灭度后，佛钵成为大家争相抢夺的宝物。人们往往会以佛钵所在作为佛法中枢，比如佛钵到了犍陀罗之后，它逐渐取代印度本土成为佛教中心。中国求法僧人到这里，往往礼拜完佛钵、舍利就打道回府，不再继续西行。

莫高窟254窟　北魏 　　　　　　　　　莫高窟158窟　中唐

榆林窟025窟　中唐 　　　　　　　　　榆林窟003窟　西夏

不同时期的菩萨头冠

槐夏 保日

小满 二候，靡草死

"整百宝之头冠"
——《维摩诘经讲经文》

菩萨头冠

头冠，在佛经中被称为"宝冠"或"天冠"，顾名思义，是饰以宝物之冠。多为菩萨所戴，象征智慧和庄严。

敦煌早期壁画中，菩萨头顶戴的宝冠出现最多的是"三面宝冠"，即有三个圆盘形装饰的头冠。宝冠上大多装饰有仰月、日月形的饰物，这种装饰题材来源于波斯。

隋唐时期，菩萨的衣冠服饰逐渐趋于复杂多样，既有犍陀罗艺术的痕迹，又有西域的特征，真可谓广采博纳。由此创造出许多新颖别致的头冠式样，其中有珠宝冠、日月冠、化佛冠、莲花冠、云纹冠等。著名的"三珠冠"源于西域，后来融合了波斯的仰月冠饰，形成"三珠仰月冠"。

我们可以通过头冠来分辨不同的菩萨吗？

不同的菩萨常用不同的头冠装饰，有时可通过头冠粗略区分。"化佛冠"就是菩萨头冠中的一种，即头冠正中有佛像，戴化佛冠的通常为观音菩萨和弥勒菩萨。

2 上求菩提，下化众生 P023

吹奏海螺　榆林窟 025 窟　主室南壁　中唐（临摹）

槐夏 至日

小满 二候，靡草死

"玉螺一吹椎髻耸，铜鼓一击文身踊。"
——《骠国乐》唐 白居易

是法器，也是乐器

　　法螺（也被称作梵贝），是佛家经典的法器。和其他法器不同的是，法螺可以作为演奏的乐器。在敦煌壁画的乐图中经常可以看见法螺的身影。

　　古人在天然海螺的外壳上磨出吹口，这样它就能发出响亮的声音用于演奏。因为特殊的构造，海螺吹出的声音传得很远，所以古代的军队常用海螺作为行动的号角。

　　当佛教传入西藏后，这种曾是号角的海螺就变成了法螺，用于为佛教宣传教义。其音色雄浑庄严而用于弘法，故名"法螺"。按佛经说，释迦牟尼讲经说法时声音洪亮如同大海螺声，能响彻四方，所以也常用法螺代表法音。

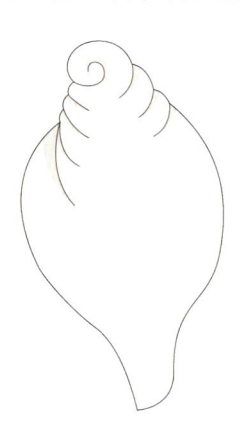

作为法器和乐器的海螺有什么细微区别？

　　作为法器的海螺多为白色。自然生长的海螺螺纹一般是自左向右旋转，而只有从螺顶向外逆时针生长的右旋螺才能被选作法螺。相传释迦牟尼在鹿野苑时，帝释天曾将右旋白法螺献给他，从此右旋白海螺即为吉祥圆满的象征，也凸显了法螺的珍稀性（不过敦煌壁画中演奏的乐器法螺似乎并不刻意追求这一点）。

观音手中的净瓶　莫高窟003窟　北壁　元代（临摹）

槐夏 神日 小满 二候，靡草死

"净瓶甘露年年盛，斜插垂杨岁岁青。"
——《西游记》明 吴承恩

净瓶

《西游记》中观音用杨柳枝蘸甘露救活了神仙们都无法医治的人参果树，所以我们对观音手中净瓶的无穷法力有着深刻印象。

净瓶早期是佛教中非常重要的法器之一，也是观音菩萨手持的法器之一。菩萨手里拿的净瓶，又称"甘露瓶"。据说净瓶中盛满甘露，瓶中插着杨枝，象征着观世音可以将慈悲的甘露遍洒人间，有着平安健康、祛病免灾的吉祥寓意。

古代的净瓶（梵名 Kalasa，音译为"军持"），其实是云游僧人饮水、净手用的器物，多以陶或金属等材质制造。

它早期的样式像一个大肚细脖细壶嘴的中国酒壶（从壁画中可知观音掌中本是这个器皿），只是为了方便插青青河边柳，就演变成了带壶嘴儿的中国长颈花瓶的样式。

观音像中手持杨柳净瓶是如何流行的？

据说古印度人迎接客时，先送上齿木和净瓶装的香水，表示"敬祝健康，恳请光临"的意思。所以，佛教仪式中敦请佛和菩萨光降也用此法。"我今具杨枝净水，惟愿大悲哀怜受之。"久而久之，观音手执长颈花瓶形的净瓶，瓶内插柳枝（青枝绿叶）的形象便深入人心，成为主流，如今甚至成为观音的"标配"。

2 听世间音的观音菩萨 P033

阿难持琉璃碗　莫高窟 057 窟　南壁　初唐（临摹）

槐夏 圣日
小满 二候，靡草死

"大秦国出赤、白、黑、黄、青、绿、缥、绀、红、紫十种流离。"
——《魏略》

琉璃是不是古代的玻璃？

考古报告中，将透明度较差的玻璃制品称作"琉璃"（或"瑠璃""流离"）。

正当古罗马贵族为来自东方的美丽丝绸所倾倒时，丝绸之路诸国的王室贵族也因为古罗马（大秦国）出产的古玻璃神魂颠倒。丝绸之路上的琉璃器，因为精美和易碎，成为皇室贵胄追逐的异域珍宝。

在敦煌壁画中，经变画主尊面前的供养器、菩萨手中的净瓶等法器中，就常有琉璃器。这些琉璃器多来自罗马和西亚，经过丝绸之路输入我国，而后又向日本、朝鲜半岛和东南亚传播。

不仅如此，依据着对玻璃发散的想象力，古人打开了"脑洞"，构建出一个所谓的"琉璃世界"。据说药师佛是东方净琉璃世界教主，此世界以琉璃为地（其实就是我们今天所说的玻璃地面）。

普通的玻璃，为什么会被古人看成昂贵之物？

正像不能以今天的标准来评价古人一样，我们也不能用今天玻璃的价值来评价琉璃。这种人类最早发明的人造材料制成的装饰品，今天看起来是寻常之物，但是在古代十分稀有；因其晶莹剔透、光彩夺目，甚至比玉器还要珍贵。因为说到底，人类社会总是"物以稀为贵"。

3 丝绸之路上的珍稀商品 P101

摩尼宝珠　榆林窟025窟　主室北壁　中唐（临摹）

槐夏舆日

小满 二候，靡草死

"梵语摩尼，又云末尼，华言离垢，即珠宝也。此宝光净，不为垢秽所染。" ——《三藏法数》

摩尼宝珠

莫高窟精美的壁画中，常见一宝珠居于画面正中央，或被菩萨轻握，或由龙王所持，火焰环绕其周，此即传说中的"摩尼宝珠"。摩尼宝珠能随心意变幻出无尽珍宝，故而又名"如意宝珠"。在敦煌壁画中，摩尼宝珠总是以火焰环绕宝物于中心，下方衬以莲座的形式出现。

相传，摩尼宝珠能够发射出万道光芒，照亮须弥山四大部洲的每一个角落，驱散众生的贫困与苦难。它能以暗转明，以热转凉，以寒转温，珠光所及之地，四季如春，疾病消散。因其神奇力量，摩尼宝珠成为消灾免难、吉祥如意的象征，人们常用来祈求幸福安康，招财进宝，这一传统沿袭至今。

摩尼宝珠的来源是什么？

自古以来说法各异，以下是几种具有代表性的描述：一是象征着每个人内在的生命能量；二是指海底龙宫中的奇珍，由龙王或摩羯鱼脑中所出；三是帝释天与修罗交战时，金刚碎落阎浮提，化为此珠；四是佛教中佛之舍利变化而成，旨在利益众生；五是八大龙王眷属吐宝鼠所吐。

被人们喜欢的吐宝鼠 P011

明王所持金刚杵

槐夏 道日 小满 三候，麦秋至

"降魔蜜顿金刚杵，说法偶成舍利堆。"
——《咏百八塔》清 俞益谟

无坚不摧金刚杵

梵文中，金刚被定义为极为坚硬的东西，象征着坚不可摧。

金刚杵，为金刚力士手持之武器，据说能击破一切物体。金刚杵的来源有多种说法，一种说法是古希腊神话中宙斯用来打雷的霹雳闪电；另一种说法是古印度吠陀时期大天神因陀罗（也就是我们熟悉的帝释天）的武器。

佛教造像中，<u>手持金刚杵最出名的角色为执金刚神和帝释天</u>。他们担任的是护法角色，作为佛陀的贴身侍卫，负责驱除邪魔和护卫佛。在古印度和中亚的一些艺术作品中，金刚杵通常被画成一根短棒，两端各有一对尖利的股叉。

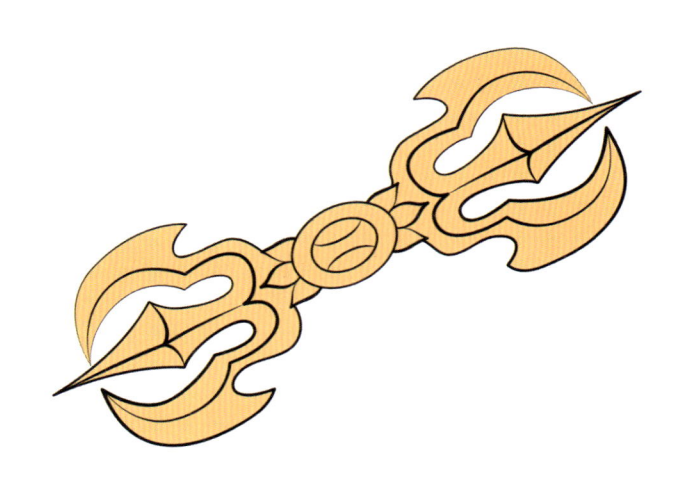

金刚杵有什么寓意吗？

伴随着时代发展，金刚杵的功用也从最早的"无坚不摧"引申为"能斩破一切虚妄"的含义。因为当今社会的人们心浮气躁，金刚杵现在多被当成能让头脑随时保持清醒的护身符。

健身达人金刚力士 P195

水月观音佩戴的璎珞　榆林窟002窟　西壁　西夏（临摹）

槐夏恩日

小满 三候，麦秋至

"首冠花鬘，身佩璎珞。"
——《大唐西域记》 唐 玄奘

璎珞

璎珞，又称华鬘，主要指一种环形颈饰。璎珞原型是古印度盛行的一种装饰性花环，最早由鲜花编织而成，多用作头饰和颈饰。

而古印度人，特别是贵族，也将用来装饰身体的一大类首饰称为璎珞，主要用珍珠、宝石和贵金属串联制成。广义的璎珞也包括挂在颈部、胸部的首饰及戴在手臂上的手镯、臂钏一类饰物。璎珞装饰随着佛教一起传入我国，在绘画中为佛、神仙、天女所佩用。唐代时，它被爱美求新的女性模仿和改进，变为仕女的佩饰。

为什么菩萨会佩戴璎珞？

约定俗成的佛教造像中，佛和罗汉等出家人一般是不佩戴璎珞、花环等饰物的，只有菩萨可以佩戴各种各样的璎珞。一种说法是，释迦牟尼得道前属于菩萨，释迦牟尼当王子的时候就是璎珞遍体；另一种说法是，菩萨多以女相示人，璎珞具备装饰美的特点，符合人们爱美的特性。

2 上求菩提，下化众生 P023

普贤菩萨手托蜀葵　莫高窟 159 窟　西壁　中唐（临摹）

槐夏 小满 三候，麦秋至

"白若缯初断，红如颜欲酡。坐疑仙驾严，幢节纷骈罗。"
——《蜀葵》宋 司马光

壁画里的"花花世界"

除了严肃的佛像，敦煌画师们还把各种代表美的花花草草画在了千年壁画上，它们或写实或创意，纷繁多样，为整体画面创造出了美的氛围。

我们来欣赏一下敦煌壁画中常见的几种花：莲花、蜀葵、宝相花。

莲花在敦煌壁画中几乎随处可见，象征着佛国净土的圣洁。"出淤泥而不染，濯清涟而不妖"，莲花寓意清净、美好。常见莲花纹样处有华盖、藻井、边饰、背光等；故事画和形象中也有很多与莲花密切相关，例如化生童子、鹿母夫人诞莲花。

蜀葵在敦煌壁画中数量仅次于莲花。蜀葵产自我国古蜀地区，是世界知名度较高的中国之花。蜀葵是一种朝开暮落的花，绚丽的花朵美好却短暂。据说普贤菩萨手持的便是蜀葵花。

宝相花是纯洁、端庄、美观的理想花形。它集中了莲花、牡丹、菊花的特征，多绘为层次较多的花瓣，使用叠晕的上色手法，雍容华贵。经过艺术的加工，被用于佛教壁画和雕刻的装饰，给人一种庄严圆满的感觉。

这些花都来源于现实世界吗？

大名鼎鼎的宝相花，是画师们所创造出来的一个理想花种。就像中国传统文化的龙和凤一样，并不存在于现实之中。

2 宝相花——绽放于佛国空间的理想之花 P186

弥勒在龙华树下成佛　榆林窟025窟　主室北壁　中唐（临摹）

> "弥勒得道为佛时，于龙华树下坐。"
> ——《法苑珠林》

神奇圣树

佛的故事中，圣树是不可缺席的。

佛教典籍中记载，释迦牟尼降生于无忧树下，得道于菩提树下，涅槃于娑罗树下，传道于七叶树下。因此，无忧树、菩提树、娑罗树与七叶树被称为佛教四大圣树。

除了大名鼎鼎的佛教四圣树外，敦煌壁画中还会经常出现龙华树、杧果树、芭蕉树等。

龙华树，之所以得名，是因为它的树枝就像宝龙一样。相传弥勒菩萨在龙华树下修得佛果。

佛经记载，佛陀经常在杧果树林中为大众讲解佛法。玄奘在印度留学时，曾在杧果林中跟随一位老婆罗门，所以玄奘在《大唐西域记》中提到杧果具有"神圣"的含义。

芭蕉树并非本土植物，也是随着佛教从西域传入。因为芭蕉是中空的，它被看作空幻的象征，常用来告诫世人：人的欲望就像一层层剥开的芭蕉、最后只能得到空的结果。敦煌莫高窟360窟南壁的《青庐图》、320窟北壁的《观无量寿经变》中均对芭蕉有不同描绘。

圣树的造型是如何演变的？

佛教沿"丝绸之路"东传，在和中原文化交融的过程中，作为中转站的敦煌进行了一定程度的复制和转译。和塑像一样，敦煌壁画中树的造型也经历着不断"汉化"的过程：从印度式到半印度半"胡化"，再到半"胡化"半"汉化"，再到完全"汉化"。

2《弥勒经变》（上）——龙华三会 P113

菩提树　榆林窟025窟　主室南壁　中唐（临摹）

夏 槐忠日

小满 三候，麦秋至

"一叶一菩提。"
——《华严经》

菩提树

菩提树，在佛教中享有盛名，因释迦牟尼佛于其下悟道而声名远播。由此，菩提树常被用来象征如来，寓意着启迪与智慧，描绘人们豁然开朗、瞬间领悟真理的情形。佛教经典中的"悉发菩提心"，意指追求佛道、普惠众生的宏愿。

从植物学视角审视，菩提树确有其实体，原产于印度，随着佛教东渐，扎根于我国。其树干粗壮而雄伟，树冠广阔如伞，叶片呈心形，尖端细长，形似水滴（植物学上称为"滴水叶尖"）。

在敦煌莫高窟的壁画中，菩提树的形象屡见不鲜。

"一花一世界，一叶一菩提"如何诠释？

从字面意义来看，一片菩提叶便代表一棵菩提树（若以现代物理学的视角解读，或可称之为"自相似性"），从一片叶子上，便能洞察到一个宇宙的奥秘。个体所包含的内容与一个世界所蕴含的本质并无二致。这简单又深邃的哲理，或许正是佛家的意境所在。